世纪波
Century Wave

从规划开始 用能力说话

卓越HR50问

世界500强人力资源总监教你这么做

岳晋平 孙军 著

電子工業出版社
Publishing House of Electronics Industry
北京·BEIJING

图书在版编目（CIP）数据

卓越 HR50 问：世界 500 强人力资源总监教你这么做 /岳晋平，孙军著. —北京：电子工业出版社，2019.8

ISBN 978-7-121-37127-1

Ⅰ. ①卓… Ⅱ. ①岳… ②孙… Ⅲ. ①人力资源管理－问题解答 Ⅳ. ①F243-44

中国版本图书馆 CIP 数据核字(2019)第 150046 号

责任编辑：晋　晶
文字编辑：袁桂春
印　　刷：三河市华成印务有限公司
装　　订：三河市华成印务有限公司
出版发行：电子工业出版社
　　　　　北京市海淀区万寿路 173 信箱　　邮编 100036
开　　本：720×1000　1/16　印张：13.75　字数：197 千字
版　　次：2019 年 8 月第 1 版
印　　次：2019 年 8 月第 1 次印刷
定　　价：65.00 元

凡所购买电子工业出版社图书有缺损问题，请向购买书店调换。若书店售缺，请与本社发行部联系，联系及邮购电话：（010）88254888，88258888。

质量投诉请发邮件至 zlts@phei.com.cn，盗版侵权举报请发邮件至 dbqq@phei.com.cn。

本书咨询联系方式：（010）88254199，sjb@phei.com.cn。

前 言

作为人力资源从业长达 28 年的“老人”，我对人力资源工作深有感触。老板的殷切期望、同人的合作渴望、员工的真切希望，无不给自己莫大的动力。但人力资源从业人员一旦度过工作的新鲜期后，就会被枯燥的流程性工作所困扰，没完没了的电话约面试、工资谈判、劳动合同签订、绩效考核表、统计考勤、离职面谈、组织培训……每天的工作都是重复性的，一眼望去就能看到头。你日复一日地工作到年底，收获的却是老板的失望、同人的警惕和员工的不满，这不仅对你的信心是一种打击，更是对你人生观的一种摧残。

我在航天科工集团公司担任人事管理专员时，因为那个时代变化比较慢，领导不断指出我的错误，让我慢慢成长。在加入外企担任人力资源专员、人力资源经理、人力资源总监一系列职位后，我了解了什么是正规的人力资源管理体系，接触到了西方管理学孕育出来的人力资源管理体系文件，熟悉了人力资源各种专业术语。我一边学习西方的人力资源管理体系，一边在实践中摸索。

非常幸运的是，在美中互利工业公司工作期间，我的上级傅白鹭女士是一位非常专业与职业化的人力资源专家，从企业管理到人力资源，从公司战略到模块功能，从管理效率到文字表单，她给了我巨大的帮助。也是从那时起，我开始思考、研究人力资源主要做什么，怎样做才对，以及人力资源的体系效率、战略价值，从而对人力资源管理有了进一步的认识。

因此，在进入管理咨询领域后，我从公司老板、职能经理、业务人员等不同人员的角度看待人力资源的工作，评价人力资源工作的价值，慢慢地经历了从有到无、从无到有的过程。记得我曾经和同人感慨过："人力资源管理的最大价值就是消灭人力资源管理本身。"

就我多年的人力资源从业经验来说，我认为人力资源工作需要经历以下四个阶段。

第一阶段，能够精确地执行流程与制度，角色是人力资源专员。在这个阶段，人力资源从业人员需要培养自己高效的工作习惯，学习总结经验与方法，并且需要接触人力资源领域内广泛的知识，至少要成为"圈内人"。

第二阶段，能够建立模块体系，如招聘体系、薪酬体系、培训体系等，角色是人力资源的模块经理。在这个阶段，人力资源从业人员需要具备系统化的思维，能够裁减体系并根据不同组织的情况设计不同的体系，以使组织方面的工作产生明确的价值。

第三阶段，能够根据组织战略与组织资源的情况调整不同体系之间的关系，同时指导年轻的人力资源从业人员的工作，角色是人力资源总监。在这个阶段，人力资源从业人员主要是将老板的想法与企业的战略从人力资源的角度付诸实施，或者通俗地说，进行人力资源体系的平衡构建，以高效实现组织的目标。

第四阶段，能够从不同时期（长期、中期、短期）平衡考虑组织内各方利益，从企业价值的角度进行人力资源（能力）的开发与发展，角色是人力资源副总裁或首席人才官。在这个阶段，人力资源从业人员的主要任务是营造组织积极向上的氛围，发展企业各层级员工的能力，以推动企业战略的实现，向组织的核心团队提供专业、有远见的人力资源建议，指导组织内人力资源的整体工作。

从事人力资源工作并能够有所建树，要素之一是有兴趣——对企业的兴趣、对人的兴趣、对团队或群体的行为特征的兴趣。如果没有兴趣，或者兴趣来得快、去得快，那么做人力资源工作的挑战会很大。因为人是活泼的，是时刻在变化的，由人组成的群体和由群体组成的组织也是时刻在变化的，种种变化将使你无所适从，你会感受到来自方方面面的压力，非常容易产生职业倦怠感。我在给一些人力资源从业人员上课时，了解到他们从事这一职业的重要原因是高薪。没有兴趣，不热爱自己的职业，那就是在受煎熬，工作会越来越累，越来越没有成就感。所以说，职业规划最重要的因素是兴趣，从事人力资源工作尤其如此。

要素之二是具备逻辑与体系化的思维。不是说“天马行空”的演绎有问题，而是说基础的人力资源管理趋势是量化管理，统计、分析等过程性的工作在初级阶段代表人力资源从业人员的专业性。如果没有统计、分析等做基础，那么人力资源从业人员在从业早期就没有存活的可能。

要素之三是会进行战略思考。人力资源从业人员要善于从企业的战略高度思考人力资源问题。如果一位人力资源从业人员以前做过行业研究、企业规划、战略研究等工作，那么对理解组织业务会非常有帮助，这样也容易感受到人力资源系统的设计与优化对业务的帮助与支撑，人力资源从业人员也更容易受到激励，收获成就感。

从策划书稿到本书成稿，孙军先生一直和我合作，本书前期与后期工作以我为主，中期工作则是孙军先生一直孜孜为之。书稿的最初内容，也有我的咨询同事的努力，在此向他们表示感谢！

本书把人力资源工作划分为 14 个模块，在讲述每个模块时，力图把人力资源工作背后的逻辑和企业发展战略结合起来，并对企业的人力资源工作提出具体的解决方案。既有系统化的思考，也有具体的实务操作，这也许是本书最重要的特点，希望能为人力资源工作的同人和企业管理者献上一份绵薄之力。

目　录

01

定位

▶▶ 场景导入：人力资源要务实

某咨询企业的顾问张阳，被听过其课的企业老板高薪聘为人力资源总监。这家企业是民营企业，经过短短几年的发展，已一跃成为行业前几名。老板希望张阳能够帮助企业实现正规化管理。张阳决定从企业的战略规划着手，开展企业文化建设、战略绩效管理、素质模型开发等工作。三个月过去了，许多业务经理向老板抱怨，说张阳做事“太虚”，总盯着一些高端问题，没有解决业务人才的引进难题，也没能阻止业务人员的流失。

张阳在企业的第一个定位——“战略顾问”就此失败。

作为一名人力资源从业人员，不管你拥有什么样的工作经验和学历背景，也不论你怀有什么样的职业抱负，进入企业首先要明确自己在企业的定位，即你能做什么，应该做什么，能做到什么程度，以及应该发挥怎样的职能作用。

任何一家经营性的企业，内部的工作都是企业经营运作的有机组成部分，并能够产生价值，否则这项工作或这个岗位在企业内部就是无效的、无价值产出的，对企业、对从事这项工作的个人而言，都是无意义的。

老板对人力资源的期待是什么

满足战略发展需要

从老板的角度来看，既然聘请人力资源，首先关注的是人力资源作为内部支持力量之一，如何有效满足战略发展的需要，即人力资源如何支持战略的实现。所以，人力资源必须充分理解企业战略，从人力资源的角度来思考如何对企业人员进行质、量和结构类别的配置，基于此形成相应的人力资源规划，帮助企业实现战略。

提高员工效能

人力资源作为一种可深度开发的资源，需要利用专业工具来评估现有人员的能力水平，并进一步开发和培养员工能力，从而提高员工效能，即在人员存量的基础上，开发出一定的效能增量。

营造良性文化氛围

企业作为人的集合体，需要一种文化和精神纽带来联结，从而形成内在凝聚力。企业需要人力资源从专业的角度来打造一种良性的文化，形成团队相互协作的内部氛围。这就对人力资源提出了进一步的要求，包括了解员工个性、打造团队文化，进而塑造企业文化。

有效解决实际问题

人力资源所需掌握的各个模块的具体操作方法，属于活学活用的范畴，不必拘泥于死板固定的方法。人力资源在这些工作中更应体现出规范性、效率性和问题解决的针对性。

优秀人力资源需要扮演哪些角色

人力资源需要快速熟悉并评估所在企业的工作环境、人事环境和业务运作流程，能大致评估企业目前的整体管理水平，人力资源管理的现状，以及老板对于人力资源的短期、中期、长期期望。只有在这个基础上，人力资源才能决定在不同阶段所能发挥的空间，以及在现阶段能够起到的作用。

人力资源既可以起到战略层面的制定与执行的引领者的高端作用，也可以只起到行政事务性工作的基础作用。人力资源的定位可高可低，在实际工作中差距非常大。一般企业都会要求，人力资源要由负责原来的事务性工作逐渐演变为组织发展的推动力。因此，优秀人力资源在企业中扮演的角色及要求也必然进一步升级。具体而言，主要有以下几种。

企业战略的强力执行者

制定战略是企业高管团队的责任。人力资源工作的核心是针对企业发展战略、核心策略、核心人员等方面，从人力资源角度，给出支撑性建议或方案；针对老板关注的问题，给出建设性的解决方案，而不是做一个言听计从的好下属。人力资源部作为整个企业的一个部门，必须参与企业战略活动。要想成为企业的合格战略伙伴，人力资源应该推动和引导战略研讨，讨论企业应该采取什么样的组织形式来执行战略，并为这种讨论创造条件。

1．负责制定企业的组织架构

人力资源应该制定企业基本的组织架构，采用何种组织架构并不重要，只要合理就行，重要的是企业必须清楚地阐明这种组织架构。

人力资源在企业中扮演了建筑师的角色，其任务是进入一幢已经建好的楼房，画出它的平面图。这位建筑师要进行测量、计算面积、标明门窗和楼梯，并检查管道与供暖设备。最后他会提交一张全面而清晰的建筑结构图，包含了这幢楼房的所有部分，并显示它们是如何搭配组合、共同发挥作用的。

2．承担组织架构审查的职责

建筑结构图可以显示一幢楼房内需要立刻改进的地方，组织架构图也有类似的用途。它可以帮助企业确定在组织架构上有哪些地方需要改进，以促进战略的执行。人力资源的职责之一就是引导大家就企业的组织架构进行对话，以保证目标的达成和效率的提高。

3．为组织架构的变革提供方法

人力资源的职责之一是带领大家讨论、分析，创造性地提出解决方案，比如，进行文化变革，或者评估与奖励体系中的最佳实践。同样，倘若战略的执行要求企业采取另一种组织架构，那么人力资源就要承担起责任，为高管团队找出构建这种组织架构的最佳途径。

4．按轻重缓急排定各项任务的次序

在任何时候，人力资源都有一大堆事情等待处理，比如，要实行绩效工资，进行跨团队合作，或者开展“边干边学”的员工发展项目。要想同经营绩效真正联系起来，人力资源需要与各业务部门通力合作，一起对每项任务的重要性和影响力进行系统性的评估，按轻重缓急排定次序。

- 哪些任务是执行战略所必需的?
- 哪些任务是支撑战略执行的前置条件?
- 哪些任务刻不容缓?哪些可以延后进行?
- 哪些任务是与经营绩效真正密切相关的?

对人力资源而言，成为企业战略的强力执行者是一个必需的角色，所以需要具备相匹配的能力和技巧。也正因为如此，人力资源需要更多的专业培训，才能在战略支持中做出有效的分析。

业务部门的忠实伙伴

1．业务部门的好帮手、好伙伴

人力资源由传统人事管理转变为人力资源管理，逐步深入企业业务中去，发展出一套人力资源业务伙伴（Human Resource Business Partner，HRBP）体系。传统人事走出办公室，来到业务一线，实实在在地为企业的业务活动提供自身的专业价值服务。原来业务部门和人力资源部对立的普遍现象也随之改善。为更好地实现这种定位，人力资源需要放下身段，从了解企业业务的基础做起，逐步发展成为业务部门管理者的“政委”，能够因地制宜地为业务部门从人力资源角度提供支持。无论如何，不充分了解企业业务的人力资源，在企业内部是很难发挥重要作用的。

2. 提高效率的“行政专家”

多年来，人力资源总是被看作行政人员。为了从“行政人员”变身为“行政专家”，人力资源必须提高自身和整个组织的效率。然而，作为“行政专家”，人力资源也要摆脱传统意义上制定规则和维护制度的警察形象，确保企业的各项日常工作都顺利进行。从人力资源的角度看，企业有很多流程可以更好、更快、更省钱地执行，人力资源的工作之一就是发现并改进这些流程。然而，成本的降低并非人力资源变为行政专家的唯一好处，人力资源自身和整个组织效率的同时提高，改善了人力资源与业务部门的关系，为人力资源成为业务部门的伙伴打开了一扇门。

3. 业务部门的咨询顾问

人力资源证明自己的价值，还有另一条途径——对整个组织的工作方式进行重新思考。例如，人力资源部可以设计和实施一套系统，让所有部门都能共享行政服务；建立“专业知识中心”，收集、协调和传播各种重要信息，如市场新趋势或组织流程之类的信息。人力资源基于业务需要而建立的知识管理机构、人力资源服务共享机构、流程优化机构等就如内部的咨询顾问，不但节约了成本，还强化了企业的竞争优势。

员工的知心朋友

毋庸置疑，现代人力资源管理的两大基石，一个是组织发展，以组织结构和领导力开发为高端作战阵地，另一个是广大的基础员工发展，从员工能力开发和培养入手，开发人力资源的深度价值。脱离了员工基础，企业大厦将成为空中楼阁，因此员工能力发展不仅是企业发展的刚性需求，同时也是员工自我成长的内在诉求。

人力资源有责任确保员工对企业的积极投入——让他们对组织有种难以割舍的情结，愿意为之贡献全部力量。人力资源通过员工关系的深化来实现这一目的，如组织野餐、聚会、联合募捐等活动。

员工关系的实质，一方面是员工个体与心理的满足。基于对人的理解，人力资源需要调查和了解本企业员工的需求与要求，在区分外在要求与内在需求的情况下，进行细致的分析，制定或修改企业的相关政策与制度，使之能够适应或推动员工群体的需求满足。例如，某企业人力资源听到员工不断呼喊 “涨工资”，但进行分析发现，是企业中层干部的管理能力相对员工能力较弱，同时员工对市场工资的概念不清晰造成的。于是，在对中层干部进行一段时期的培养，而后对企业的工资体系进行解释说明后，员工要求涨薪的声音几乎消失了。另一方面是员工关系需要传达组织的想法。按照组织发展战略，组织对员工的现实期待和未来期待是有差异的。组织期望员工能够与组织发展协调一致，推动甚至引领组织的发展，使员工得到组织的认可，也使员工认可组织。

人力资源需要在这两方面做持续而系统的投入。

组织变革的最佳推动者

人力资源的职责之一，就是帮助组织形成应对变革和利用变革的能力。变革项目可能包括建立高效能的团队、缩短创新周期、应用新技术，人力资源要确保这些项目及时得到界定、开发和实施。人力资源还要确保企业的愿景、使命（如“我们要成为行业的全球领先者”）能够转化为具体行动，帮助员工搞清楚，为了实现长远目标，他们可以停止、开始或继续从事哪些工作。以惠普公司为例，人力资源确保了公司的价值观——信任员工、尊重员工——转化为具体实践，如让员工更灵活地控制自己的工作时间和工作地点。

如何做到这点？答案在于创建和运用变革要素与实施路径。人力资源必须向自己的组织介绍变革要素与实施路径，并指导高管团队熟悉它，即通过组织一些对话与讨论，找出要素中那一长串问题的答案。简而言之，变革要素与实施路径必须成为人力资源所提倡使用的管理工具。它能帮助组织确定变革的成功要素，并就每个要素来评估组织的强项和弱项。整个过程可能充满艰辛，但这正是人力资源最能发挥价值的地方之一。作为变革推动者，人力资源本身不必实施变革，但要确保变革在企业上下得到执行。

具体到组织内部，如果个人或部门有创新的方法、制度、流程，人力资源需要进行总结、提炼、推广，从而使个人或部门的创新成为整个部门或组织的创新，使组织内部得到全面提升；对于组织外部，人力资源需要不断了解与学习竞争对手和其他企业的创新方法、政策、制度并引入自己的组织，让组织进行有益的变革，获取竞争优势。

掌握变革的方法和工具，在组织内部能够敏锐地发现变革、定义变革、总结变革、推动变革、成功实施变革，是人力资源的核心价值之一。

人力资源在不同阶段的核心工作有哪些

人事基础事务管理

这个阶段的人力资源工作多是无意识地因需而做，无效果分析，直接开展人力资源实践；着眼于人力资源内部需要；方法机械、单一。

管理理念：主要围绕“事”为中心而构建，企业只注重资本的价值，人只不过为完成“事”而存在。

管理地位：工作局限于日常事务，扮演的是行政角色，与组织战略没有任何联系，因而地位很低。

管理目标：达成本部门工作绩效，并以此作为检验工作效果的依据。

人事基础事务管理阶段的特征与核心工作如表 1-1 所示。

表 1-1　人事基础事务管理阶段的特征与核心工作

	特　征	核心工作
人力资源战略与规划	仅对年度人员需求做简单统计，未上升到规划层面；控制人员数量和成本，降低预算	1．年度人员编制计划（仅限于初级统计和分析） 2．年度人力成本预算（总薪酬福利的测算）
岗位或组织管理	因需设岗，缺乏计划和体系，各岗位相互孤立；部门及岗位职责描述简单、笼统	1．基于现有组织架构绘制组织结构图 2．编制与更新部门职责说明书和岗位说明书
招聘与甄选管理	仅关注应聘者的知识技能、工作经验等硬性条件；基于短期需求开展工作，缺乏长远规划；多为执行工作，及时性是最主要的评价指标	1．主要负责招聘的组织实施工作，如招聘广告发布、简历汇总、简历筛选、面试人员预约等 2．建立基础招聘制度、流程和相关表单

续表

	特　征	核心工作
薪酬福利管理	薪酬管理停留在支付管理阶段，只是简单的工资计算与发放；薪酬确定没有明确的依据，主要由老板决定；薪酬福利发放形式偏重于物质形式	1．只负责简单的工资计算与发放工作 2．依照上级指示起草薪酬福利管理制度 3．负责社保缴纳工作
绩效管理	只关注挑毛病、找漏洞，员工因惧怕惩罚和利益而改进绩效；员工被动参与考核，不清楚自己承担的责任和上级的期望，工作缺乏方向感；无绩效反馈	1．制定简单的绩效考核制度、流程和表单 2．负责企业绩效考核的组织实施和支持工作
培训与开发	因需培训，无计划性，多为补课和应急；培训信息多由业务部门提出，人力资源仅负责活动组织工作	1．根据老板或业务部门的需求临时制订培训计划 2．组织实施培训（课程安排、组织支持）
职业生涯管理	没有明确的职业生涯管理，仅以粗糙的行政级别为基础的晋升替代	1．负责员工晋升管理工作 2．制定异动表、晋升表等相关表单
人事事务管理	凭经验处理日常人事事务，没有明确的制度规则	1．入职、离职手续办理 2．人员信息管理 3．日常考勤管理 4．劳动合同签订等
员工关系管理	根据相关法律法规和劳动政策，被动地处理员工与企业之间的劳动关系	1．员工抱怨、申诉、人事纠纷和劳动争议处理 2．员工上岗、离岗面谈、相关咨询服务 3．纪律惩戒及员工不良和不健康行为管理
企业文化	没有成形的管理规律和成文的管理制度可遵循，缺乏文化载体，员工只能无意识地感知企业文化	企业文化处于无意识状态，未开展企业文化建设相关工作

人力资源运营管理

这个阶段的人力资源工作基于组织发展目标，专业开展部分人力资源实践工作：目的明确、内容具体、专业且具有灵活性；以专业的视角和方法，系统、针对性地解决当前问题；方法灵活多样。

管理理念：人成为组织的一种重要资源，管理的职能是获取、保持和开发人力资源以实现其有效利用。

管理地位：虽然企业意识到人力也是一种资源，并开始在战略管理中担当战略制定与实施的双重角色，但并不认为人力是重要的战略性资源，因此人力资源工作往往处于一种被动状态。

管理目标：注重部门的绩效，也开始关注人力资源管理对组织目标的贡献。保证组织对人力资源的需求得到最大限度的满足；开发与管理组织内外部人力资源，促进组织的持续发展；维护与激励组织内部人力资源，使其潜能得到最大限度的发挥，使其人力资本得到提升。

人力资源运营管理阶段的特征与核心工作如表 1-2 所示。

表 1-2　人力资源运营管理阶段的特征与核心工作

	特　征	核心工作
人力资源战略与规划	以现有人力资源管理现状分析为基础开展人力资源规划；采用专业的工具和方法分析和预测年度人员数量和成本；为人力资源各管理模块制定必要的政策和措施	1．人力资源盘点（人员数量、质量、结构的分析） 2．人力资源配置规划（需求、供给） 3．人力资源工作规划（招聘、薪酬、绩效、培训、费用预算、人力资源政策、核心人才） 4．人力资源管理费用预算的编制与执行
岗位或组织管理	基于企业发展目标和管理流程进行组织分析与优化；建立系统规范的岗位管理体系；部门及岗位职责描述更加清晰明确	1．组织机构的分析、调整与优化 2．进行工作分析，对岗位职能优化（归并、删减、增加） 3．建立岗位管理体系，定岗定编

续表

	特　征	核心工作
招聘与甄选管理	更关注应聘者潜能、态度、价值观等与绩效和企业文化相关的影响因素，基于年度人力资源计划招聘；及时性和质量是主要评价指标	1. 进行招聘需求分析，拟订招聘计划 2. 招聘体系建设（招聘政策、制度、流程、表单的制定，招聘渠道的开发与管理） 3. 基础测评工具的开发
薪酬福利管理	已建立全面、专业的薪酬福利体系，有专业人员从事薪酬福利管理工作；监督日常薪酬管理存在的问题，及时调整薪酬福利政策，确保薪酬福利体系能有效地支持战略达成	1. 构建全面的薪酬体系（岗位评价与薪酬等级设计、薪酬结构设计、薪酬构成设计、薪酬调查、薪酬计划和薪酬制度的制定） 2. 薪酬预算管理、人工成本核算、薪酬调整方案 3. 建立并完善奖励机制，薪酬与绩效之间建立了更紧密的联系 4. 福利管理（福利保险管理、企业福利项目的设计、企业补充养老保险和补充医疗保险的设计）
绩效管理	绩效考核是系统性的工作，既注重结果，又关注过程；绩效管理全程保持开放性沟通；开展绩效辅导和绩效反馈	1. 构建绩效管理体系［绩效考核机制、指标体系、考核流程、考核结果的应用（绩效改进方案）、绩效优化机制］ 2. 开展管理者关于绩效辅导、绩效反馈相关技能的培养与运用 3. 动态进行绩效管理体系运行情况的检查与优化
培训与开发	有意识地构建培训管理体系，以企业经营目标为出发点，在调研分析的基础上，编制培训计划；培训内容更加丰富，形式更加多样	1. 培训体系建立（课程、师资、培训计划、流程、培训结果应用） 2. 培训效果评估 3. 构建系统的培训课程体系、讲师体系
职业生涯管理	以组织需要和组织提供的机会作为出发点，进行职业生涯规划设计；建立轮岗和晋升机制，有科学的评价标准	1. 建立全面的职业发展通道，明确岗位纵向、横向有机流动 2. 建立晋升或异动的评价标准、评价方式及相关程序

续表

	特　征	核心工作
人事事务管理	系统构建人事管理体系，有明确的流程和操作规则，信息记录更加全面完善	1. 建立系统、明确的人事事务管理制度 2. 规范人事事务流程和规范 3. 制定相应表单
员工关系管理	以积极的视角和方式来处理员工关系，重视建立员工之间、员工与管理者之间、员工与企业之间的沟通通道，不断提高员工的满意度	1. 全面开展员工活动的组织和协调 2. 员工满意度定期调查和分析 3. 员工解聘及心理辅导等工作 4. 企业沟通管理工作
企业文化	有意识地提炼企业文化，让员工熟悉组织，让外界了解组织，通过宣传活动推广企业文化，促进企业与员工的认知逐步统一	1. 有意识地提炼企业文化，系统开发企业文化推广方法 2. 制订企业文化建设及推广计划并组织实施 3. 制定企业文化管理制度 4. 制定管理者及员工行为规划，编制企业文化手册

人力资源战略管理

这个阶段的人力资源工作基于战略分析，预见性地解决未来人力资源方面的问题，解决政策性、方向性的问题，创新、优化人力资源工作；基于全局视角，将各模块融会贯通，追求最优效果。

管理理念：人力资源被视为获取竞争优势的资源，也是被用来提供未来收入的一种资本。

管理地位：人力资源管理是制定与实施组织战略的核心职能，直接融入组织战略的形成与执行过程中。人力资源管理者是高管团队中的一员，向企业提供人力资源信息，帮助做出最佳战略选择，并在战略决策之后，创造适宜的人力资源环境，推动组织战略的实施。

管理目标：关注的焦点是如何通过人力资源管理提高组织实现目标的可能性，帮助组织获得竞争优势，进而提高组织绩效、实现战略目标。

人力资源战略管理阶段的特征与核心工作如表 1-3 所示。

表 1-3　人力资源战略管理阶段的特征与核心工作

	特　征	核心工作
人力资源战略与规划	基于对企业的全面分析，明确人力资源管理工作总体方向，确定能为战略带来冲击力的人力资源重点工作 人力资源规划能够显著提升企业核心竞争力	1．人力资源战略分析［战略分析、环境分析、现状分析（SWOT 分析）］ 2．人力资源战略规划（人力资源战略、人力资源核心策略、目标规划、人力资源核心任务）
岗位或组织管理	基于战略进行组织设计和优化；能够评估和预测组织扩张和人员编制扩充；岗位管理体系与人力资源其他模块形成相互促进的有机整体	1．基于战略的未来 5 年组织结构预测，及组织结构演变设计（如企业采取扩张战略，在哪些业务模块进行扩张、应该配以什么样的组织结构实现有效扩张） 2．在组织结构演变的基础上进行岗位设计、调整与优化
招聘与甄选管理	能预见性地进行有效的人力资源储备；制定符合企业发展战略的招聘策略，在实施招聘过程中进行有效决策；能够有所创新，实现招聘工作的高效性与节约性	1．结合战略及业务发展目标，确定招聘策略 2．基于战略的人才招聘分析与预测，主动进行人力储备 3．招聘编制和成本的关系分析 4．评价中心技术的开发 5．完善招聘与人力资源其他模块的关系
薪酬福利管理	基于企业战略和企业内外部情况，系统设计薪酬策略和薪酬管理；实施动态薪酬福利管理；薪酬政策既能吸引优秀人才，又能留住核心人才；更加注重人力资源投入与产出的效益分析	1．基于企业未来战略发展制定薪酬福利策略 2．进行人工成本分析及有效使用开发 3．薪酬激励的延续性、可激励性研究，设计支撑战略实现的正确奖酬计划组合

续表

	特　征	核心工作
绩效管理	根据企业战略需要，结合员工能力建立全面的绩效管理体系，通过不断提高员工绩效，实现企业绩效的螺旋式上升	1．绩效管理基本方针的制定 2．绩效管理文化的建立与培养 3．绩效管理与其他模块实现有效衔接（机制、制度、流程、技术）
培训与开发	根据企业战略需要，结合员工的个人发展计划建立系统、完善的培训体系；基于战略进行核心人才的建设与培养；与其他模块形成有机的整体，相互依赖、互相促进	1．根据企业战略发展需要，建立系统、完善的人力资源培训开发体系 2．核心人才队伍的建设与培养（领导梯队建设） 3．组织建立企业大学，积极培育内部讲师，提高内部供应能力 4．建立培训与人力资源其他模块的关系
职业生涯管理	职业生涯规划兼顾组织发展需要和员工个人能力兴趣，有效激发员工的职业动机和忠诚度；重点关注中高层管理人员和专业技术人员；同时实现个人职业生涯目标和组织目标	1．基于企业发展战略建立职业发展系统，对关键岗位人员进行定制化职业生涯规划，重点关注中高层管理人员、专业技术人员 2．建立并推广职业生涯管理文化，通过职业生涯管理提升员工的忠诚度和积极性
人事事务管理	通过流程优化和信息化，高效地管理人事事务	1．电子人力资源管理等信息化管理系统取代传统的手工操作 2．优化人事事务管理流程
员工关系管理	建立员工与企业、员工与管理者、员工之间的沟通通道，有效预防和化解人员管理危机；提高员工的敬业度和整体素质；建立与发展基于员工关系管理需要的企业文化，实现企业和员工的双赢	1．维护人力资源政策与企业文化形象 2．员工关系诊断和全面评审 3．员工保护和员工援助 4．核心员工管理 5．建立和推广企业文化与民主管理

续表

	特　征	核心工作
企业文化	企业文化与企业战略相匹配，企业与员工理念统一，行为与理念协调一致，实现组织的文化管理；员工对企业文化有清晰的感知和强烈的认同感	1．根据企业战略适当调整、丰富企业文化内涵，使其与战略保持一致 2．使企业文化渗透到员工行为层面，达到知行合一

02

战略思考

▶▶ 场景导入：聪明的人力资源

笔者的一位朋友应聘某集团，职位是副院长。为什么不是正职呢？因为老板还需要看看他的真实水平。

一次，他和老板一起去菲律宾开会。老板觉得他是新来的，新来的人就得了解企业的愿景和发展方向。老板在飞机上对他说："公司的目标是要超过……"他听完后，点头说"好"。从菲律宾回来的路上，他跟老板说："老板，您说的未来发展战略，收入达到几十亿元也好，上百亿元也好，我觉得应该从人才培养开始。"他把老板说的战略解码成人才培养的计划。老板听完马上反馈："行，你别担任副职了，直接担任正职吧。你的工作能够支持我未来目标的实现，需要把人才都培养出来。"

如果人力资源无法与老板的想法和企业的战略相连接，那么很难发挥关键的职能作用，成为老板的得力助手。因此，人力资源必须了解老板的想法和企业战略，进行必要的战略思考。

丨 企业生命周期有哪些特点

企业和人一样，也有所谓的生老病死。认识企业的生命周期，并有效针对各阶段特点，发挥必要的职能作用是人力资源必须把握的。

通常而言，可将企业生命周期划分为初创、爆发、成熟、衰落变革四个阶段。

在初创阶段，企业的战略目标是活下来，生存第一。各种制度与流程都是不规范的，组织形式的特点是流动的。在人员招聘上，要寻找价值观一致的人，认可企业创始人的人。在培训方面，采取的策略是共同工作、共同进步。

在爆发阶段，企业的战略目标是成长，得到迅速发展。各种制度与流程开始规范化，组织框架开始朝结构化转变。在人员招聘上，要寻找在发展观上一致的人，认可与憧憬企业的未来。这时候的企业员工也掌握了一定的工作经验与技巧。在培训方面，采取的策略是内部学习、人带人。

在成熟阶段，企业的战略目标是稳定，业务和商业模式都比较稳定。制度与流程规范化，全体员工在工作上达成一致，形成工作认同。各岗位员工掌握了必要的工作技巧，也呈现出阶梯发展的特点。在培训方面，企业已经有了成熟的培训体系。

在衰落变革阶段，企业的战略目标是突破，突破旧有的商业模式、组织架构、业务等，突破滞后的制度与流程，突破企业内部形成的利益认同，创新、优化，鼓励员工掌握特殊的工作技巧，提升个人技能。在培训方面，除了保留企业需要的关键内容，还要善于革新。

基本的战略分析工具有哪些

战略平衡计分卡（见图 2-1）是从财务、客户、内部运营、学习和成长四个维度，将组织的战略落实为可操作的衡量指标和目标值，是一种新型绩效管理体系。设计战略平衡计分卡的目的是建立“实现战略制导”的绩效管理系统，从而保证企业战略得到有效的执行。

通常而言，从人力资源的角度，切入企业战略的最有效工具就是战略平衡计分卡，主要从两个角度来产生战略性的价值。

第一，作为以企业绩效为出发点的战略执行工具，战略平衡计分卡能够有效地把组织绩效落地至部门绩效，乃至分解到个人绩效。

第二，战略平衡计分卡能够从战略的高度，将内部创新及员工成长有机联系起来，使员工能力培养和核心团队建设成为组织发展的有力支撑。

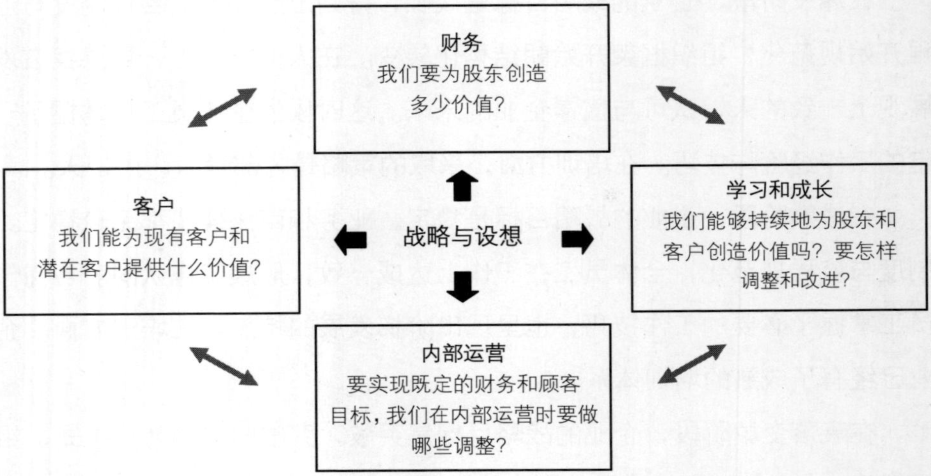

图 2-1　战略平衡计分卡

如何解构战略，形成指标体系

企业的战略规划最终必然有可衡量的目标予以体现，通常称为战略目标。具体来说，战略目标可以体现为企业盈利、行业地位、资产回报等指标。人力资源对于战略的解构也可以通过这一途径来分析，并最终形成一套可衡量、可管理的指标体系。

四个维度的内部运营系统搭建

通过战略平衡计分卡的工具介绍，我们可以了解到，企业战略必须通过自身的产品或服务来有效满足客户需要，从而为股东创造价值。要完成这个过程，需要高效的内部运营和配套的人员能力支撑。因此，战略解构就从如图 2-2 所示的四个维度展开。

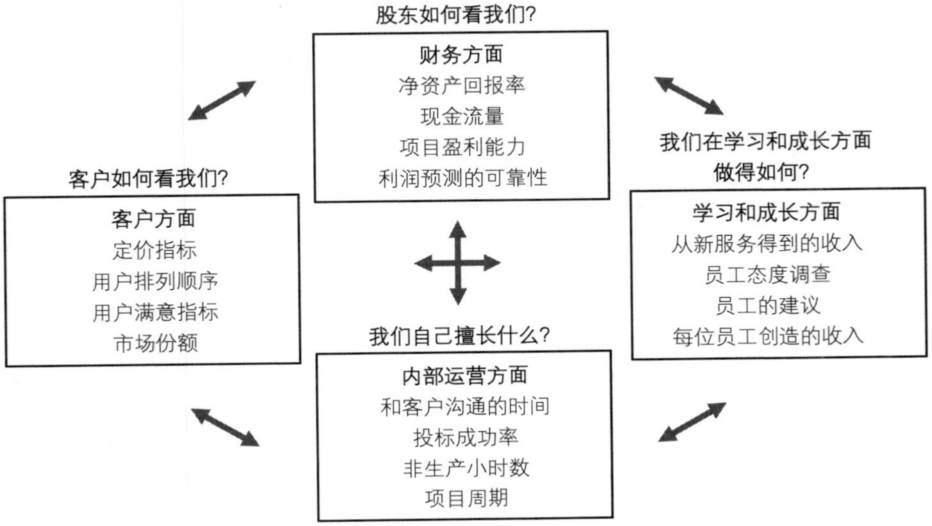

图 2-2 战略解构

四个维度的具体绩效指标

沿着图 2-2 所示的四个维度的战略分析，通过回答不同维度的战略问题，可以归纳为四个维度的具体绩效指标，如图 2-3 所示。

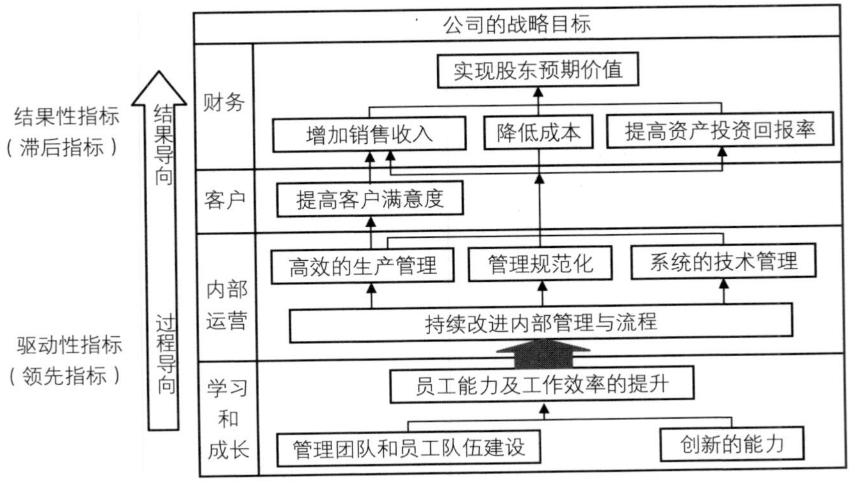

图 2-3 组织绩效指标梳理

通过梳理整个组织的绩效指标，再与企业内部各个职能部门职责相匹配，就可以得到部门指标，进而细化为岗位指标。

这样一套基于战略解构下的指标体系，就形成了人力资源绩效管理的精髓。“千斤万担人人挑、人人头上有指标”将不再是一句口号和空话。

03

人力资源如何把事儿做到老板心坎上

▶▶ 场景导入：人力资源经理是老板的替罪羊

在某公司的年度聚会上，老板很高兴，问员工："你们觉得公司福利还有什么需要改善的？"员工建议给大家发一部苹果手机便于工作，老板痛快地答应了，并安排人力资源经理统计后呈报预算。可等到审批预算的时候，老板却说要考虑一下，先把这件事放一放。又过了一段时间，员工开始议论这件事了。有一个员工和同事发完牢骚，又去办公室主任那里，询问手机什么时候发。办公室主任又去找老板。老板急了，大骂人力资源经理，这么点儿事都办不好。人力资源经理两面挨刀子，满肚子委屈只能自己消化。其实老板的本意是不想给员工发手机的，每人一部，成本很高，但又不好明着说不给，只好拿人力资源经理当替罪羊。

如果你是这个公司的人力资源经理，你该如何解决这一问题呢？日常工作中，该如何开展工作呢？

不同阶段老板处理人力资源问题的重点分别是什么

企业初创期，以情感管理为主

在企业初创期，大家能走到同一个平台，往往具有价值观相同、方向一致、少有隔阂、凝聚力强、利益计较较低、可以共苦等特点。管理的主要方式是情感管理。从老板对人的管理这个角度来说，他并不在意一个人多有能力，而是在意以下几点：

第一，这些人具有相同的价值观。

第二，这些人具有较高的忠诚度。

第三，这些人具有坚韧的毅力。

如果外部市场没有大阻碍的话，这样的企业一般都会走得比较顺利。在企业初创期，人力资源的核心是对老板愿景的认可，以及对老板个人的认可。

企业爆发期，以多元化管理为主（回避风险）

1. 团队融合

随着不断招兵买马，企业规模不断扩大，新的人员不断加入，那么在团队融合方面就可能出现一些问题。新老员工在利益冲突、价值观认同度、对未来发展的新定位等方面产生了差异。从老板的角度来看，差异性的调和问题就是一个挑战，会得到他的重点关注。

2. 人员问题

随着企业规模的不断扩大，如何使人员配置有效地满足企业发展需要？老板要考虑成本、人员来源、人员整体，需要有一种制度化、规范化管理人员的配置系统。随着企业进一步的发展，老板发现人员能力的问题日益重要。如何提高员工能力，从而进一步匹配企业发展？这就要求人力资源体现专业性。同时，在员工发展和能力提升过程中，企业经营成本的问题也会逐步体现出来。

企业成熟期，以制度化管理为主（提高效率）

随着企业规模越来越大，企业已经有相对固定的企业文化，不再担心新人的加入会对企业产生影响，因为很多员工已经受到了企业文化的浸染。对于组织结构、岗位设置等这些制度化、规范化的东西，企业会编制相应的文件。此时核心的问题是建立规范性的流程来避免失误、降低风险、提高效率。

在企业成熟期，核心员工长久的利益问题、个人发展诉求问题、新老员工交替之间产生的各方面的摩擦等问题，使得老板关注的人力资源问题日益复杂化，靠原有情感管理很难满足新的挑战。如何调和这些矛盾，就对人力资源的专业性形成了战略性的挑战。

此时企业业务相对成熟，模式也比较固定，对于未来战略的问题，老板可能考虑规划一个新的蓝图和愿景。那么从人员配置的角度、从战略性人力资源管理的角度，就要求人力资源提升自身对战略的理解程度，系统思考人力资源如何有效地和企业的规划匹配。

企业衰落变革期，以精简与突破为主

企业衰落变革期，重点问题是改变已有的商业模式，在困难中求得突破。战略、文化如何变革，组织如何精简，部门人员如何选择，以使企业处在一个新的模式下，从而健康发展？这些问题有的是老板自己处理，有的是在人力资源的协助下处理。大部分情况下，都是人力资源对老板的想法进行有效实施。

所以，人力资源首先要判断老板在人力资源管理所处的阶段，对自我的专业性应该有清晰的认知，有明确的发展目标，基于不同阶段的特点与要求，灵活地与老板配合。

不同层面老板关注的重点是什么

从员工层面

1. 关注基层员工的心态

从基层员工层面，老板会重点关注大家的心态，比如在变革或进入新的发展阶段时，员工对于目前的状况是否满意，对企业未来发展是否有信心等。

2. 关注中层员工的绩效和能力

从中层员工层面，老板会重点关注他们的绩效和能力。因为作为技术或生产骨干，他们往往对核心产品和服务的产出起到决定性作用。他们的绩效能否达成，能力是否满足需要，是老板对中层员工的关注点。

3. 关注高管的价值观

从高管层面，老板往往关注他们的价值观或者思想动态，关注他们是否有思想波动，因为这种波动往往带来较大影响。老板最不愿意看到高管对其下属的负面影响，或者向员工传递不良信息。

从经营层面（点和面）

一般情况下，老板一方面关注“面”上的事，如企业的人数、年龄结构等；另一方面关注“点”上的事，如企业老员工、骨干、高层。

在不同的切分方法下，老板关注的群体是有差异的。从“面”上看，这些差异涉及企业的人数、效率、缺勤率等，这就要求人力资源为老板建立一整套数据分析、报表体系，使老板对企业的总体情况有一个全面的认识。如果人力资源再做一些更加细致的分析，让老板通过数据就能看到一些规律，这是对老板更好的帮助。

首先，从老板获取信息的这个层面上看，他会从老员工、骨干和高层那里获取一些信息，所以一定会关注这些人的情感、关系和想法。这些人往往向老板反映他们觉得不公平的事，老板会非常在意这些信息，这会产生很大的问题。比如，老员工如果告状，可能会影响一个特别大的决策，因为老板对他们的信任是多年建立起来的，此时的忠诚可能会替代管理，法治变成人治。其次，对骨干员工来说，他们反映的问题不一定是对的，是从他们自己的出发点考虑问题的，老板可能一叶障目。最后，对于高管来说，高管很多时候会过滤一些信息，他们觉得该让老板听的，会让老板听；不想让老板听的，就过滤掉了，有很强的选择性。这时老板信息的获取可能就比较片面，高管也从客观上左右了老板的决策。

老板进行判断和决策时，不能把某一个决策因素作为唯一的因素来使用，这会导致错误的决策。人传递信息的不同，结果差异会很大。一个健康发展的企业，理论上来说，不仅要看到点上的问题，还要看到面上的问题。

人力资源的工作如何与老板的需求相匹配

针对不同的员工提供不同的信息来满足老板的需求

1．对基层员工，有基础信息的数据分析

对于基层员工，老板可能关注其总体特征。此时，人力资源需要提供一个整体分析，比如定期（如半年、一年）对员工整体的质、量、结构分布，以及与行业相比处在什么水平的分析等，以便老板对总体情况有一个掌握，最好有一个年度的、半年度的正式汇报。老板所关注的基层员工的信息，无论是量、质，还是结构分布，都要有总体上的数据支撑，包括行业内平均人员劳动率、同等规模下员工的数量、内在的学历层次、男女比例、工龄等。这些基础信息，需要科学化的、量化的数据去支撑。

2．对中层员工，有专业的绩效数据

对于中层员工，老板对其能力、绩效关注比较多。此时，人力资源需要借助一些专业的分析工具，使分析结果具有专业性和科学性。人力资源用口头汇报的形式如“中层员工××还行，绩效还不错”等，没有说服性。

3．对高管，有个体的信息沟通

对于高管，老板关注的是其个人心理的动态和情感的变化。此时，人力资源要与高管保持非正式的沟通频次和方式，以便及时获取高管的心理变化，如高管目前的心理状态、工作情况、下属对高管目前状态的反馈等。人力资源需要与老板及时沟通，一个月、半年再汇报就没有意义了。及时发现，及时沟通，以事实为依据，而不一定要用科学的手段来证明。

通过正式和非正式沟通渠道来满足老板的需求

总体而言，在与老板沟通时，一般有两种渠道：第一种是正式沟通，如报告、数据分析、定期的总结和汇报等；第二种是非正式沟通，如高管座谈、员工代表座谈、邮件等。人力资源必须认识到，老板的目的是通过沟通渠道收集信息，清楚什么情况下把战略执行到什么程度。

那么如何满足老板的需求呢？主要从以下几点来着手：

第一，建立沟通渠道，使老板的需求得到满足。

第二，通过形式上的方式（如座谈会）来满足老板的需求。

第三，创造一些机会，满足老板的潜在需求。

一旦某些渠道缺乏，老板就会觉得很焦躁。大部分人力资源都没意识到这方面的问题，在报告与分析等方面做得很差。这就使得老板与高层团队在讨论问题的时候，只能用举例的方法来处理问题，以特例代表普遍。如果只看报告，老板不清楚中层员工和高管的思想动态。现实可能暗流涌动，不可预测的风险和危害可能很大。

人力资源如何有效地与老板沟通

对症下药，摸清老板的做事风格

由于性格、经验、领导风格等方面的差异，在实际工作中，老板的做事风格差异很大。有的老板习惯于拍脑袋决策，有的老板则会虚心听取别人的意见。

在准确区分老板不同做事风格的基础上，就要考虑如何有效地与之沟通了。

1. 与雷厉风行型的老板沟通

第一，可用口头汇报的形式，开门见山，直接谈他们感兴趣的东西。

第二，直截了当，直接回答他们提出的问题。

第三，说话语速可稍快，思维敏捷，跟上老板的节奏，不要慢半拍。

2. 与细致型的老板沟通

第一，向老板口头汇报时，要全面、客观，注意细节。

第二，向老板书面汇报时，对工作的背景、基本情况、过程、结果、分析及建设性的意见等有一个清晰、准确、客观的表述。

第三，必要时可以具体描述老板感兴趣的东西。

3. 与互动型的老板沟通

第一，互动型的老板喜欢与下属当面沟通，因此应该和老板实事求是地谈问题。

第二，必要时要真心实意、言之有物地赞美老板，与老板沟通时应该态度友善，时刻留意自己的肢体语言是否有怠慢、不敬的情况。

4. 与控制型的老板沟通

第一，绝对尊重老板的权威，随时等待老板安排任务。

第二，说话简明扼要，与事情无关的话要少说。

第三，说话时直截了当，少拐弯抹角、拖泥带水。

第四，必要时称赞他们的工作成绩，而不是他们的个性。

5. 与授权型的老板沟通

第一，工作要积极主动，交谈时应该精神饱满，自信自强。

第二，用权有度，不能随意滥用手中的权力，不是分内的事不用过分涉及，也不要和老板做深入的讨论。

6．与教练型的老板沟通

第一，一定要与老板经常保持联系，老板需要对你教练时随时出现。

第二，不要因为老板态度过于温和而忘记了自己的身份，说话做事不要让老板难堪。

第三，要怀着一颗感恩的心和老板接触，无声无形中让他感受到你对他的尊敬和感激。

虚虚实实，理解老板的真正意图

1．关注老板的焦点，要有灵活性

人力资源处在老板和员工之间，与人沟通的时间几乎占到全部工作时间的 80%，因此一定要灵活地处理与老板的关系。但有些人力资源不能根据事情的变化来调整自己，没有灵活性和创新精神，往往也做不好工作。

比如，有的人力资源觉得自己十分专业，掌握了系统的工具和知识，无论大事小事都用一堆的表格、数据、材料来说明问题，耽误老板的时间不说，还占用了自己大量的时间，最后老板还不一定买账，自己也很委屈。因此，一定要根据实际情况去具体地分析、解决和呈现问题，从而达到事半功倍的效果。

2．善于察言观色，人际关系保持敏感度

作为人力资源，一定要学会察言观色，有敏感的神经。比如，老板明明面色阴沉，你偏要去找老板谈预算，很可能就批不下来。又比如，老板在接电话，或者神色匆忙地要出去，你就不要长篇大论地向他汇报工作了。因此人力资源在平时要多观察、多思考，学会察言观色，才能在工作中游刃有余。

3. 懂得老板的心，真正理解和配合老板

人力资源最重要的一点就是要懂得老板的心。很多时候老板表现出来的不一定是他真正的想法，或碍于情面，或压力较大，老板往往委婉地表达自己的想法。人力资源要是弄巧成拙，不懂、不理解老板的真正意图，就很难配合老板，开展工作就有困难。本章开篇的场景导入就是一个很好的证明。

4. 及时提醒老板

人都不是完美的，偶尔也会犯一些错误。老板也是人，有时候也会陷入自我误区，此时人力资源应该及时提醒老板，并把老板从误区中解救出来。

比如，一般出现人员变化（尤其是涉及人员离职和调岗等事情）时，要与老板进行非正式沟通。如果老板需要正式沟通，人力资源就应该及时地暗示老板，给老板留有选择的余地。

5. 懂得老板话里话外的意思

老板的话有时候并不全是真心要说的，但是在当时情况下又必须那么说。比如，老板常说的“这件事先放一放吧”就大有深意。人力资源一定要理解这句话到底是什么意思。

第一，老板说放一放，之后就再也没有消息了，就真的是“放一放”了。

第二，老板说放一放，但是过段时间又问你工作的进度，说明老板想做这件事，但是有难言之隐，如大部分高管不同意。这个时候人力资源要坚定地站在老板的一边，把这件事做好。

再比如，人力资源向老板汇报一件事时，老板不予理睬，这可能有以下四种情况：

第一，这件事太小了，老板觉得不值得管。

第二，老板可能真的没注意。

第三，老板不好管或者不便管，因为老板关注和介入的话，事情就变大了，老板不想把事情闹得太大。

第四，老板不支持这件事，但是碍于情面没有直说。

04

人力资源如何协助业务部门

▶▶ 场景导入："不赚钱"的人力资源

作为某证券公司人力资源总监，刘宁感觉特别憋屈，原因是，公司高管认为业务部门都是挣钱的，而人力资源部门是花钱的。虽然老板也经常说以人为本，但公司高管，特别是业务部门的管理人员根本没有真正理解人力资源的价值。人力资源部门具有乘数效应，业务部门花一元可能创造五角的公司价值，但人力资源部门花一元可能创造一元五角的公司价值。另外，人力资源部门是超前的，人力资源部门能为公司培养具有未来能力的人才以实现公司未来的战略。

当前人力资源在逐步由从事事务性工作发展为业务伙伴关系，并且在一些企业中，人力资源管理已上升到引领企业发展的战略高度。对大多数企业而言，人力资源成为业务伙伴是当务之急。因此，人力资源对于业务的了解，以及对业务经理的了解就成为必修课之一。

人力资源想要扭转从事事务性工作的定位，就必须走出办公室，深入业务一线，从了解业务运作开始，逐步掌握业务流程的各个环节，否则与业务经理沟通缺乏一致的语言，两方始终处在两个不同波段的频道上。

业务部门有哪些基本诉求

不言而喻，业务经理是承担一定业务责任的主体。这些业务可以是销售业务、生产业务，也可以是服务业务等。业务经理是为企业获取利益的主体，是企业生存的基础，其负责的业务也是经营价值链中必不可少的环节。而对于业务经理来说，其诉求主要有以下几个方面。

核心诉求：完成绩效

业务经理都承担具体而明确的任务或目标，因此绩效对于业务经理是压力最大的。那么对于人力资源来说，在这个方面如何成为业务经理的伙伴呢？业务经理所承担的业务目标，是基于企业年度经营目标分解而来的。因此，要让业务经理明白目标设立的逻辑与意义，从而明确该业务对企业发展的核心作用。这是解决业务经理“为什么干”的问题，以及了解“干到什么程度”的客观依据，而非简单地下达任务。

任何业务部门要想达到业务目标，必须充分利用现有的资源，比如，现有人手够不够、设备是否充足、预算费用是否匹配等。在通常情况下，对于经验丰富的业务经理，对这些资源的评估相对客观和充分。但对于新晋或经验不足的业务经理，如何有效评估现有资源就显得力不从心了。因此，人力资源就必须练就基本功，即对现有业务充分了解，在此基础上，帮助新晋的业务经理提升这方面的技能。

管理诉求：部门人员的管理

业务经理最头痛的问题莫过于对人的管理，比如，如何有效地管理问题员工，如何快速提升人员的业务技能，如何补充关键岗位的人员缺位等。在这些方面，人力资源可以大展拳脚，帮助业务经理，对现有人员进行梳理和盘点规划，找出能力差距，给基层人员进行培训，快速补充关键岗位人员，疏导问题员工等。这是人力资源成为业务伙伴的切入点，同时也是体现人力资源工作的价值、树立人力资源专业形象的最佳机会。

用好人、用对人，是业务经理的必修课，但也往往是业务经理的短板。通常，业务经理采用经验和主观判断法，对下属人员进行激励和使用，经常出现的现象是“鞭打快马，识人不明”。帮助业务经理，对核心人员进行科学评估，提供用人的专业建议等，是人力资源能够给业务经理的帮助。

维系关系诉求：处理与老板的关系

业务经理一方面需要完成业务目标来体现自身的价值，另一方面还需要获得老板的认可，及时了解老板对其工作的评价。可情况往往是，业务经理不知道老板是否认可，这也是业务经理急需了解的。

在实际工作中，老板经常忽略与业务经理的沟通，或者老板不愿意将评价直接反馈给当事人。这时，人力资源能够起到桥梁和纽带作用，通过恰当的反馈技巧，让业务经理认识到老板希望其改善的方面，需要达到的标准，以期能够激发业务经理的改善愿望。

自我提升诉求：综合能力提高

业务经理往往都是业务型或技术型干部，虽然是部门负责人，但对于人的认知往往凭经验，是片面的。他们大多把焦点集中在事情上，忽略了对自己能力的关注，往往因业务发展与自我能力间的偏差，出现管理力不从心的现象，受到领导的批评和下属的抱怨。这时他们会对自己的能力产生疑虑。在这种情况下，人力资源的出现就显得尤为重要了。人力资源可以为业务经理展现岗位能力要求与标准，帮助业务经理分析目前的情况，同时可以与业务经理一起设计提高各方面能力的路径图，最终达到业务经理综合能力提高的结果。

业务部门为何不喜欢人力资源介入

大多数企业中，人力资源往往不受重视，尤其是业务经理，总觉得人力资源没什么正事，只会没事找事——考核、挑错、查考勤。人力资源觉得业务经理对管理一窍不通，还自以为是。两者的对立成为常态。

对业务经理来说，自己部门的事情尽量避免让人力资源部插手，他们认为与人力资源部打交道，是一件麻烦的事情，浪费大量的精力仅为满足管理的需要，人力资源部对业务和实际情况一点儿也不了解。在业务经理的眼里，人力资源部就是一个无法提供价值，只会提供麻烦的部门。

业务部门尤其是销售和生产部门，往往人数众多，而且在企业内部的地位举足轻重，自我管理的权限也较大。在这种情况下，人力资源部的介入，对他们的权限是一种约束，他们也难以接受。

人力资源如果想要走进业务部门，必须回答两个核心问题：一是人力资源是否真正了解业务部门，包括他们的业务流程、人员背景等；二是人力资源如何为业务部门提供价值，他们需要的专业支持有哪些？找到病因，再下药就变得简单了。

人力资源如何找到切入业务部门的最佳时机

在了解了业务经理的基本诉求后，人力资源就可以从不同方面下手，找到双方对接的切入点，尤其当出现以下几种情形时，就意味着切入的最佳时机已经出现。

当业务部门的绩效出现大幅下滑时

业务部门绩效出现大幅下滑，毫无疑问，业务部门的人员数量、能力、工作氛围、管理方法等都是主要因素。人力资源可以通过不同时期的人力资源分析，寻找业务部门绩效下滑的主要因素。通过对这些因素的优化建议，与业务经理一起形成改善方案，人力资源作为主要成员，帮助业务经理提升绩效。

当业务部门的人员离职率居高不下时

当业务部门的人员离职率居高不下时，就是对部门管理能力的质疑信号。人力资源要适时地抓住时机，与业务经理一起分析主要因素，一起讨论如何改善，以降低部门的人员离职率；同时，也要提醒业务经理，如何改善自己的管理。

当业务经理总是受到老板批评时

总是被老板批评，业务经理的心情会很沮丧。人力资源适时介入，沟通老板对其的期望和现实之间的关系，鼓励业务经理，向业务经理承诺，帮助业务经理改善形象；与业务经理一起分析，让老板逐渐改变对业务经理的看法。

当业务经理寻求管理上的帮助时

业务经理在系统、资源、管理等方面产生疑问，人力资源要适时使用企业资源，为业务经理答疑解惑，通过辅导技巧，帮助业务经理找到答案，获得成就感；也可以使用人力资源分析工具，帮助业务经理系统梳理问题，以发现问题的症结，找到解决问题的方法。

如果人力资源能够在恰当的时机解决上述问题，那么在业务经理的眼中，人力资源将不再是麻烦制造者，而是业务伙伴。

人力资源在帮助业务经理进行管理的过程中，不仅建立了群众基础、树立了专业形象，更增加了对业务的了解，以及对企业整体运作的理解，人力资源专家的战略性作用也将随之体现。

人力资源如何与业务经理打成一片

在与业务经理打交道的过程中，需要见招拆招，不能“一招鲜，吃遍天”。人力资源采用人员归类的方法，配以适当的交往方式，将会改善与业务经理的交往效果。

笔者从能力和个性两个维度，归类现有的业务经理（见图 4-1）。

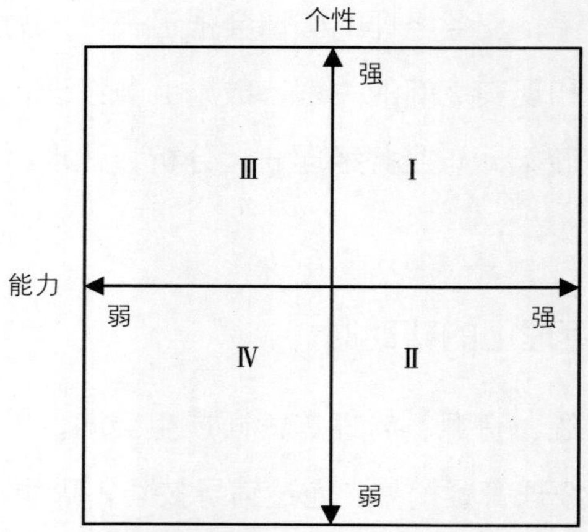

图 4-1　业务经理分类

如何搞定能力与个性都强的经理

这类业务经理往往在企业内部具有一定的影响力，与其打交道尤其要谨慎。面对这类业务经理，人力资源在沟通交往中，首先，充分了解其业务特点，否则会被对方当成外行人，不愿过多交流。其次，沟通交流的内容要明确、直接，切忌啰唆，不着重点。再次，沟通的内容要有专业化的数据和分析作为支撑，要有说服力。最后，尤为重要，切记不要轻易挑战他的权威。这类业务经理一旦接受了你的专业性，后续的合作就会比较顺畅。

如何搞定能力强、个性弱的经理

遇到这类业务经理，往往是人力资源的最大福音，以谦和的平等姿态很容易取得对方的认可。真诚地向对方讨教业务问题，不会有太多的形象损失，反而会让对方更全面地帮助你。同样地，你也需要给予业务经理人力资源管理方面专业真诚的建议和务实性的帮助。

如何搞定能力弱、个性强的经理

与这类业务经理的交往中，往往更容易出现麻烦。业务经理个性张扬、固执，限制了外在的介入和帮助，也更容易对人力资源产生误解和不信任。面对这类业务经理，人力资源不需要主动强攻，而要注意时机。这类业务经理的能力较弱、经验较少，问题却往往较多，麻烦也不断。在对方麻烦缠身的时候，人力资源主动地在不伤害其颜面的前提下提供帮助，往往能够收到很好的效果。尽管对方可能一开始并不接受，但当他们无力解决的时候，接受帮助就成为一种必然的选择。成人之美是取得对方信任的起点。

如何搞定能力与个性都弱的经理

与这类业务经理的交往，人力资源的顾虑要少很多。专业的形象和具体的方法指导是沟通交往的主要方式。另外，帮助他们提升个人能力尤为重要，否则他们被淘汰的可能性非常大。

总之，与不同类别人员的和谐交往，是人力资源取得成功的基本技能。运用这些基本技能来影响业务经理，是人力资源成功的基本功课。缺少这些基本训练，人力资源战略高度的专业价值将无从谈起。

05

人力资源如何招聘到合适的人

▶▶ 场景导入："边缘化"的人力资源

笔者曾经培训过一家大型互联网公司，有1 000多名员工。公司人力资源方面的最大问题是研发人员不足或要求薪酬太高。部门主管抱怨几次后，老板认为人力资源部工作能力不足，导致在招聘工作上没能为公司提供所需人才。于是老板让员工推荐同学、朋友，相关专业的求职者来者不拒，并且不断从别的公司挖人。

公司的招聘方式就变成了人力资源部预约求职者，告诉业务主管预约情况，然后业务主管面试。因为没有清晰的选拔标准和专业的选拔过程，经常出现的情况是，招了一些不合适的人进入公司；人员来得快，走得也快；工作能力有限，用着不给力，辞退又可惜。

招聘渠道代表人才来源，它是招聘的先决资源。从漏斗原理分析，入口的人才数量与质量，决定了出口的人才数量与质量。渠道可以批量解决人才瓶颈问题，会使企业多招聘数十人甚至数百人。只有先解决人才来源问题，才能够谈人才标准问题。所以招聘渠道的管理是招聘成功的基础，渠道的选择决定招聘的战略与方向。

如何分析和选择招聘渠道，让招聘事半功倍

招聘渠道的分析和选择很重要。那么企业人才招聘有哪些渠道呢?

招聘有内部渠道和外部渠道之分。内部渠道包括内部晋升、员工推荐等；外部渠道包括网络招聘、现场招聘（如招聘洽谈会、人才交流中心、校园招聘）、猎头招聘、招聘外包服务、新兴社交招聘渠道等。

内部招聘渠道及优劣势分析

1．内部晋升

企业内部招聘一般在中、大型或外资企业比较常见。内部晋升的优势是费用少、成本低，能极大地提高员工士气，选拔出的人员对企业相当了解，适应企业的文化和管理，能较快地进入工作状态，直接开展工作，还可以在内部培养复合型人才。这类员工不仅忠诚度较高，不存在像“空降兵”的融入问题，而且对其他人员有较为正面的激励作用。

内部晋升的劣势是过程相对漫长。内部员工的提升或者部门岗位调整，需经过多次审查和讨论，经过谨慎的考核才能最终实现。人员晋升后，会给原来的岗位留下一个空缺，还是需要招聘补足。内部晋升如果处理不当，可能引起部分人员的心理短暂失衡，不排除个别人员因不公平感产生过激行为。另外，人员供给数量有限，易近亲繁殖，形成派系，致使组织决策时缺乏差异化的建议，不利于管理创新和变革。

2．员工推荐

员工推荐这一方式，在国内外很多企业得到广泛应用。据了解，美国微软公司 40%的员工是通过员工推荐方式获得的。这些公司通过一系列手段，保证招聘渠道的有效性。例如，在每位被推荐人的后面标注推荐人的姓名，推荐新人录用率高的员工会获得公司奖励。

国内很多民营企业，特别是小企业，由于处于发展阶段，各种条件和环境对人才的吸引有限，因此，一些人才多是由亲友介绍、企业内部员工推荐的。通过这种途径，既给企业输送了部分人才，又节约了招聘的成本，确保了人员的稳定性。

员工推荐的优势是成本低。由于所推荐人员与现有员工之间存在关联相似性，其基本素质较为可靠，可以快速找到素质技能相近的员工，不用花很长的时间去发现和筛选，招聘成功率较高，其融入团队的速度也会较快。对于管理系统比较健全、管理团队职业化程度较高的企业，应大力推荐这种招聘方式，而且应形成内部推荐制度，对推荐成功的内部员工给予奖励。

员工推荐的劣势是招聘面窄，因为是内部人员推荐的，所以在录取标准会宽松些，造成所招聘人员素质参差不齐；录用后易和推荐人形成“小山头”，会对辞退带来障碍；另一个严重问题就是可能发生集体跳槽事件。

外部招聘渠道及优劣势分析

1. 网络招聘

网络招聘，即企业在互联网上发布信息，征集应聘者，在网上对其进行筛选、评估、测试等，并经过必要的面试，最终确定组织的招聘对象的过程。目前，越来越多的企业借助互联网，承担起企业人力资源管理与开发的多项职能。

目前，国内较有影响力的人才招聘网站有前程无忧、中华英才网、智联招聘、58 同城、赶集网、猎聘网等。其中，前程无忧和智联招聘在招聘有工作经验的管理层和办公室类的岗位上优势较为明显；而 58 同城、赶集网等在招聘一线技工以及社会基层岗位上较为适用；校园招聘也可以参考人人网、大街网，针对人群相对吻合；比较专业的人才招聘可以考虑专业人才网站；企业也可根据区域选择一些在地方相对知名的招聘网站等。

网络招聘渠道的优势是费用少、成本低，没有时间和空间的限制，信息覆盖面广（理论上可以覆盖到全球），企业招聘周期短，联系方便快捷，信息收集及时、充分等。

网络招聘渠道的劣势是难以控制应聘者的数量和质量，海量的信息，包括各种垃圾邮件、病毒邮件等会加大招聘工作的压力，同时，搜索出合适的人选需要大量的时间。对于信息化不充分的地区，网络招聘效果较差。另外，应聘者的简历信息可能不真实，需要企业招聘人员具有较强的识别能力，以免造成企业招聘资源的浪费。

2. 现场招聘

现场招聘是企业和人才通过第三方提供的场地，直接进行面对面对话，现场完成招聘面试的一种方式。现场招聘包括人才交流中心、招聘洽谈会、校园招聘三种方式。

人才交流中心建有人才资料库，供用人单位查询人员资料，同时，与用人单位建立长期联系和合作，常年提供人才招聘会、代理招聘和猎头等服务。

随着人才交流市场的日益完善，招聘洽谈会日益细分，如校园招聘会、信息技术人才交流会、地产人才交流会、物流人才交流会等。其中，校园招聘会是企业最常用的一种方式。校园招聘能够吸引潜在人才，但这类人员的职业化水平（态度、专业技能、行为习惯等）不高，缺乏实际操作能力，稳定性差，流失率较高，入职后需要企业投入精力进行系统培训。

现场招聘成本相对适中，且比较直观，可见到应聘者本人。通过面对面交流，可了解应聘者本人的一些信息，现场进行选拔，大大缩短招聘周期，减少招聘工作量。由于应聘者相对集中，且针对性较强，因此企业选择的余地也比较大。现场招聘的实施过程也是企业向社会展示自身实力和风采的机会。通过招聘，企业不仅可以了解当地人力资源的素质和走向，还可以了解其他企业的人事政策和人力需求情况。

现场招聘的劣势是很难招聘到高级人才、专业性比较强的稀缺人才。现场招聘由于时间短，不能当场对应聘者进行深入详细的审查和评测，会造成把握不准，导致真正优秀人才的流失，因此对现场招聘人员的能力要求较高。

3. 猎头招聘

猎头招聘是针对企业招聘中高层管理人员，以及企业需要的特殊人才的。猎头一般都是专业的服务公司，他们利用自己的人才资源库，并借助各种关系网络，主动、快速、定向地寻找企业需要的人才。这些人才用传统的渠道很难获取。通过猎头招聘方式成本较高，一般收费为被猎成功人员年薪的 10%～30%。招聘中高层管理人员，如营运经理、电子商务主管等，可以考虑和猎头公司合作。

猎头招聘的优势是一般都有专业的、广泛的资源可利用，因为有大量的人才储备，所以搜寻人才速度快、质量高。招聘有的放矢，节省人力，针对性强，对于高级人才、尖端人才和紧缺人才更加有效。同时，在人员的从业素质、职业道德方面有一定的保证。

猎头招聘的劣势是招聘成本高。对于一些高端人才，招聘周期较长。此外，由于猎头利润高，进入门槛低，市场前景好，导致猎头公司鱼龙混杂，猎头行业之间相互挖墙脚、恶性竞争、服务素质和质量下降，其整体专业性和职业性受到破坏，给企业带来一定困扰。因此，企业选择猎头招聘，一定要考察他们的实力和口碑，从他们的内部动作、专业水准、合同条款、服务价格、服务质量、服务客户，包括企业和个人等方面进行评估，并从中进行选择。

4. 招聘外包服务

招聘外包，即用人企业将全部或部分招聘、甄选工作委托给第三方的专业公司，专业公司利用自己在人力资源、评价工具和流程管理方面的优势，完成招聘工作。常见的招聘外包服务机构有职业介绍所、人力资源公司、猎头公司、人才招聘网站。

招聘外包的优势是帮助企业从大量的重复性事务中解脱，专注于核心的战略工作，从而提升人力资源管理的高度和核心竞争力。避免大量投资于人才，带来不确定性风险，降低人力成本。借助第三方公司的力量，可在短时间内招聘到紧急、批量人才，提升工作效率和招聘质量等。

招聘外包的劣势是经营和管理的风险较大。在长期的合作中，招聘外包服务机构掌握了企业大量的信息，且没有完善的法律法规去规范外包行业的运作，很可能使企业不能自由选择服务商，易形成对招聘外包服务机构的依赖，机密资料存在被泄露的风险。如果招聘外包服务对企业文化、理念等认识不清，也会导致招来的人不适应企业的文化，打击内部员工的工作积极性。

5．新兴社交招聘渠道

随着互联网的普及，一些新兴、非主流的招聘渠道，如微博、微信、QQ、LinkedIn、特定人群（MBA、专业人士、校友、网络发烧友）组织的网站、网络社区的论坛及 SNS 社交网络等日益兴起。越来越多的企业和人力资源尝试使用这些招聘渠道发布招聘信息，吸引求职者应聘。

新兴社交招聘渠道的优势是招聘方便、简捷、快速、覆盖面广、成本较低，企业可通过网络与对方进行及时、深入的互动沟通。QQ、微信上的联系人一般是同一个圈子的，而看博客、逛论坛的人也经常是同行，不仅有从业经验，而且针对性强，这种圈子效应会带来较高的招聘成功率。

新兴社交招聘渠道的劣势是主要借助微信、微博、论坛，以及即时聊天工具等进行招聘信息宣传，一旦求职者不上网或不在线，就无法收到招聘信息。因此，一般采取这种招聘方式的企业，主要是一些 IT、外企、媒体等与网络联系比较密切的企业。

综上所述，不同的招聘渠道有其各自的优劣势，对于不同类别的招聘人群，其发挥的效果不尽相同。因此，企业要想利用好这些渠道，就需要对各种渠道进行深入的分析与理解，制定管理的方法与策略。一般而言，高管招聘使用猎头，普通员工招聘使用网络和员工推荐，中层和技术人员的招聘使用垂直类网站。根据招聘要求，将内外部招聘有效结合，灵活运用多种渠道为企业招聘服务。

招聘有哪些原则

过程跟踪动态调整原则

在招聘过程中，企业人力资源要及时更新招聘内容，不间断地发布招聘广告，收集人才应聘信息。对阶段性数据进行统计分析，记录各招聘渠道收集的简历数量、面试人数、录取人数、入职时间等信息，计算出评估招聘渠道有效性的指标，包括:

- 有效简历率（面试人数/简历总数）。
- 面试录取率（录取人数/面试人数）。
- 综合成功率（有效简历率×录取成功率）。
- 招聘及时率（约定入职时间–实际入职时间）和招聘周期。

以上指标可以在季度、年中与年底统计一次。通过指标分析，人力资源对各渠道的招聘效果进行归类与排序，为调整招聘渠道提供参考依据。对于一些不能满足需求的渠道，人力资源可临时变更或关闭，不断优化招聘渠道方案。

招聘要素适度原则

通常情况下，企业人力资源会进行员工需求分析，但是岗位要求是一种理想状态，企业需要的是最合适的人，而不是“完美”的人。因此在招聘过程中，人力资源不需要面面俱到，只需将若干核心要素作为考察点，即确定岗位胜任力。

- 衡量数量适度。一般情况下，胜任力的衡量数量是 5～7 个，太多的话，会让衡量变得繁杂。

- 硬要素和软要素分开，量化要素与非量化要素分置。硬要素包括身高、体重、年龄、学历等；软要素包括沟通能力、谈判能力等。
- 有效测量。软要素的测量，可以通过行为事例的方法来判断候选人是否适合这一岗位。

招聘成本最低原则

对于企业而言，需要选择性价比最高的招聘渠道。通过对各渠道的综合分析，根据优劣巧妙搭配，起到降低招聘成本、缩短招聘周期、提高招聘成功率的作用。

以下是节约招聘成本、合理搭配招聘渠道的几点建议。

1. 大型企业——网络+外包+猎头+员工推荐+内部晋升

就大型企业而言，可以考虑网络招聘，结合招聘外包服务、猎头招聘、员工推荐及内部晋升。大型企业需要的人才较多，就中低端人才而言，更适合在两三个网站进行招聘，如智联招聘这样的综合网站。大型企业对高端人才的需求量大，可以充分发挥人员规模这一优势，推行员工推荐、内部晋升等成本较低的招聘渠道，并把猎头招聘作为一种后备方案，将其用在一些难招聘的岗位上。此外，如果企业要在短时间内启动新项目，需要招兵买马，那么招聘外包服务就最好不过了，可以有效降低人力成本。

2. 中小型企业——网络+猎头+现场+内部晋升+员工推荐

就中小型企业而言，可以结合网络招聘、猎头招聘、现场招聘、内部晋升和员工推荐。中小型企业对于员工的需求，可采取网络招聘和现场招聘。对于核心部门人才、高级经理等，内部晋升优秀员工是最适合的方式，一方面可以降低招聘成本，另一方面可以留住老员工，增强员工的归属感。针对特殊人才，可辅助猎头招聘或新兴社交招聘渠道进行挖掘。

3．不同地区，渠道因地制宜

不同的地区由于经济发展速度不同，可采取的招聘渠道也有所不同。在经济较为发达的地区，企业可采取网络招聘结合新兴社交招聘渠道、微信招聘等；在不发达地区，则更适宜采取网络招聘结合现场招聘、传统媒介招聘。

面试有哪些流程与技巧

在员工招聘选拔中，面试是最常用的人才测评技术。通过面对面互动交流，面试官可以对候选人有整体的认知。此外，更重要的是，通过面试，面试官可以了解候选人是否具备岗位所需的专业知识、经验、工作技能和心理素质特征。同样，借助面试，候选人也可以了解应聘企业的概况、文化和管理制度、岗位的工作要求和工作环境、薪酬福利等，更好地评估企业与个人职业发展的匹配关系。

企业在招聘选拔中，为了保证面试的效果和公平性，必须遵照严格的面试流程，具体如图 5-1 所示。

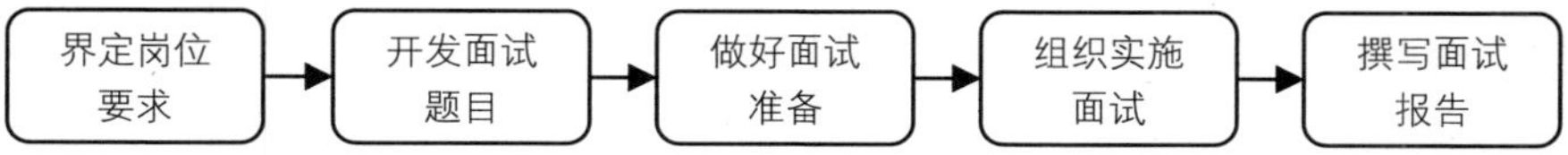

图 5-1　企业招聘面试流程

界定岗位要求

在面试之前，必须界定岗位对候选人的胜任要求。根据胜任力的冰山模型理论，候选人要胜任岗位工作，并展现出特定岗位的行为模式，必须具备冰山水面以上（包括知识和技能因素）、冰山水面以下（包括价值观、个性和动机因素）两个方面的要素。但是，究竟需要具备哪些知识、技能、价值观、个性和动机，这取决于对岗位分析的结果。

知识和技能是通过后天习得的，可以通过培养和实践不断得到改善，而价值观、个性和动机具有稳定性，后天改变和重塑比较困难。因此，在招聘选拔中，人力资源看重员工的知识和技能因素，但更看重员工的价值观、个性和动机因素，在前者基本符合工作要求的前提下，更关心后者是否符合要求。

在岗位分析中，通常用两种手段界定岗位要求，即岗位说明书分析和岗位相关人士访谈。

岗位说明书包括岗位职责、主要工作任务，以及员工能力素质要求。通过阅读和分析岗位说明书的内容，可以提取面谈的关键能力素质指标。假如招聘销售岗位的员工，一般情况下，会在岗位说明书中看到，如熟悉产品知识、营销沟通技巧、成就动机、压力承受、客户关系建立和维护等方面的胜任力要求，这是面试官应该重点考察的内容。

对于这些关键能力素质指标，需要给出详细的定义说明。如果有可能的话，最好也要给出行为评价标准。例如，五级评分标准可以描述为“不可接受、勉强接受、可接受、良好、卓越”，然后给每级评价列出典型行为。究竟应该划分多少标准，没有统一的要求，可以根据实际情况灵活把握，但最少应该包括两个级别，即“不可接受、可接受”。

开发面试题目

前期界定的岗位胜任力要素可能很多，为了便于后期的面试，必须进行整理和精简。一般情况下，需要在面试中评估的胜任力要素以 5 ~ 7 个为宜，胜任力要素太少，不足以概括岗位的履职要求；胜任力要素太多，难以把握重点，无法全面关注和评价。

在确定待评价的胜任力要素后，就需要根据这些要素的特点，开发面试题目以及参考评分标准，以有效地探测候选人的真实水平。

面试题目主要包括两种类型，即行为面试题目和情境面试题目。行为面试题目的考察内容更加广泛，而情境面试题目更适合对知识、技能的考察。

1. 行为面试题目

行为面试题目，是通过对候选人的过往行为事件进行提问，了解其是否具备某方面的胜任力要素。例如，对“团队合作”的考察，就可以问：“能否请你谈谈在团队合作方面的经历，您是如何与他人在团队中合作共事的？”然后参考企业对团队合作的要求，给出参考评分标准。如果采用1～5分进行评分的话，至少要给出5分、3分和1分的评分标准。这样在面试时，面试官可以对候选人的行为表现评分。行为面试题目的开发相对容易，主要以询问候选人过往的关键行为事件为主，但对评分标准的开发则相对困难，对面试官要求较高。

2. 情境面试题目

情境面试题目，是针对候选人日后可能遇到的典型工作情境进行提问，从而了解候选人的行为表现是否符合工作要求。例如，对“营销沟通技巧”的考察，就可以问：“在你向客户推销公司产品时，如果客户直接表明你们公司的产品不如竞争对手，你会如何应对？”对情境面试题目的设计，首先需要熟悉典型任务情境，然后还要参考绩优员工的行为表现，制定参考评分标准。情境面试题目对面试官的技巧要求不高，但对题目开发者的要求较高。

做好面试准备

在面试之前，必须提前阅读相关资料，包括应聘岗位说明书、面试参考题及评分标准、面试评分表、候选人简历等。面试官通过对资料的了解，可以更好地把控面试的重点内容，增加面试甄选的自信心。面试评分表主要用于面试官打分，并给出简要评语。

对候选人简历的审阅非常重要。从应聘简历中，面试官可以发现需要提问的内容，这些内容是行为面试题目的有益补充。例如，候选人简历中会有工作经历、工作空当、频繁变换工作、培训和学习经历等方面的信息，面试官可以在面试时，要求候选人深入地介绍某段工作经历以及主要成就，从中考察候选人是否具有履职的知识和技能。另外，从候选人工作变换的经历中，可以了解其职业动机和价值观，并评估是否与企业文化和岗位要求一致。

组织实施面试

为保证面试的效果和公平性，在条件允许的情况下，面试官最好能采用半结构化面试技术。所谓半结构化面试，就是面试的组织流程、时间和地点、面试官、面试评价要素和主要问题、评分标准等对每个候选人都是一致的，只是在面试的追问环节可以不同。

半结构化面试可以屏蔽诸多干扰因素，同时也兼具一定的灵活性，使得面试官可以根据不同候选人的应答风格，更深入细致地追问细节性行为。

在面试之前，需要与候选人确定面试的具体时间。一般而言，基层、中层和高层岗位招聘的面试时间分别以 30 分钟、45 分钟和 60 分钟为宜。

面试应该选择一个比较安静的环境，避免干扰，不时响起的手机铃声会令候选人感到紧张不安。面试官可以与候选人面对面坐，特别是有多个面试官的情况下，这样显得比较正式。如果只有一位面试官，也可以采用直角座位，这样显得比较亲切，容易让候选人感到放松。

面谈时，易以候选人的自我介绍开始或者面试官从简历提问入手，这样容易建立比较融洽的面谈氛围，便于候选人更好地表现自我，也使得候选人对应聘企业和面试官留下较好的第一印象。例如，面试官可以请候选人谈谈过往的工作经历、职务、主要工作绩效，针对简历上的疑惑点寻求澄清，另外，对候选人的绩效表示好奇和兴趣，请候选人描述更详细的信息。

面试过程中，面试官应坚持多听少说原则。一般而言，面试官说话的时间不应该超过总共面试时间的 30%。面试官在面试中一定要保持专心，详细记录候选人的应答内容。如有必要，可以做面试录音。记录和录音可以使面试官记住面试的细节，并在进行胜任力要素评价时发挥重要作用。

此外，面试要紧紧围绕评价指标和面试问题，不要脱离面试主题。有些候选人非常健谈，很容易跑题，面试官必须坚定而委婉地把话题拉回来。

有研究表明，70%的面试官在面试的前 15 分钟就做出了是否录用的决定。其实，这是非常仓促的。面试官应严格按照评价要素和面试流程评估候选人。

如果面试内容为行为面试题目或情境面试题目，面试官想要了解候选人应答的细节，请坚持使用 STAR 技术进行提问。STAR 是 Situation（情境）、Task（任务）、Action（行动）和 Result（结果）几个英文单词的缩写。

在面试提问中，面试官如果想要深入了解候选人的具体行为表现，应该问明这些行为发生的具体情境、主要的工作任务要求、候选人自己和他人的行动、这些行动产生的结果，而且这些结果和成绩最好有量化说明。STAR 技术能够很好地澄清候选人夸大或不实的虚假信息，并深入了解候选人可能达到的行为程度。只要面试官能够深入地追问，一定能够获得候选人的真实行为反应。

面试快要结束时，面试官需要询问一些关于薪酬、最快上岗时间等方面的内容，还要解答候选人的问题。一般情况下，不建议面试官对候选人直接做出表态，不要对候选人的面试表现进行批评、教育或赞赏，不要明确表达可以提供的薪酬数据。面试官可以回答候选人提出的有关职位和组织的问题，可以简单介绍企业概况、职位要求以及企业的基本工作规范等。即使面试官非常看好候选人，也不应该劝说候选人立即接受岗位邀约，更不可以刻意渲染和虚假承诺好处。如果候选人因为不实信息被误导，那么就算能够成功录用该候选人，从长期结果看，对企业和面试官本人也会产生不利的影响。

面试官在面试中始终应该坚持尊重、客观、理性和认真的原则。

撰写面试报告

面试结束后，面试官应该尽快整理面试记录，在各个胜任力要素上打分，并做出分项评价。此外，应该给出一个总体评价，即“超过岗位要求、完全胜任、勉强胜任或不胜任”，并进行描述和说明。

完成面试后，下一步就是综合评估面试报告和个人简历，从中选择 1～3 人供上级或业务部门做出用人决定。

一般而言，筛选候选人的原则应该出于以下几个方面的考虑：

- 明确招聘是以“能力”为中心还是以“工作”为中心。
- 明确招聘是“工作经验”优先还是“综合素质”优先。
- 明确候选人的“行为风格”与“企业文化”之间的匹配关系。
- 明确候选人的“薪酬福利预期”与“岗位实际薪酬福利”之间的匹配关系。

如何发放录用通知并签订合同

谈清楚试用期与待遇问题

在劳动合同中，关于试用期和待遇问题，必须与候选人达成共识。关于所签劳动合同与试用期的时间，《中华人民共和国劳动合同法》有明确的规定：劳动合同不超过 3 个月，不准设定试用期；劳动合同不超过 1 年，试用期不准超过 1 个月；劳动合同不超过 3 年，试用期不准超过 2 个月；劳动合同超过 3 年，试用期不得超过 6 个月。

试用期对于候选人和企业都有保护作用。候选人如果发现工作岗位或者企业环境不符合自己的发展，可以在试用期主动离职。当然，如果企业有证据表明候选人无法胜任工作，也可以选择辞退候选人。

在与候选人签订正式劳动合同时，有两个方面的附加条款非常重要，即背景调查和健康体检合格。如果候选人无法通过背景调查或者有传染性疾病，企业有权终止劳动合同。

当候选人通过背景调查和健康体检后，即可正式发出录用通知，并主动与候选人保持联系，督促候选人按时到岗履职。

做好入职第一天的四方面工作

在候选人报到的时候，结合入职培训，人力资源部应该做好如下四方面的工作。

- 提供岗位工作相关资料。详细介绍岗位的基本情况，岗位的上下级同事的具体情况，以及企业组织架构的设置情况，特别是有业务关系的其他部门的情况。
- 介绍企业的基本情况。介绍企业的文化和基本管理制度，可能的奖惩方面的注意事项。
- 提供行政方面的资料，包括通讯录、办公卡、门卡、个人办公设备与资料、餐饮交通等相关信息。
- 安排人员为新同事办理薪酬、福利、保险等人力资源社会保障服务项目。

06

人力资源如何进行薪酬体系设计

▶▶ 场景导入：来自民营企业的邀请

作为民营企业，西瓜集团在过去的十年中发展迅速，老板深切地感受到未来发展需要更多更能干的人加入。目前公司人力资源方面出现了新问题：一是新员工的工资总是超过老员工，引起老员工的不满；二是年轻员工不满意年终的奖金，认为一年比一年少，原因是公司最近一两年业务下滑导致营收下降。公司内员工士气明显下降，管理干部也怨声载道，但老板有心无力，因此三顾茅庐通过猎头公司邀请你加入管理团队，希望你能够扭转整个局面。

你觉得你搞得定这家公司吗?

薪酬设计是建立现代薪酬管理制度的前提和重要组成部分，是企业人力资源管理中最核心的内容之一。合理的薪酬设计能充分调动员工的工作热情，激发其发挥才能，使其获得满足感、荣誉感，进而更好地促进企业的发展壮大。

什么是基于 4P-M 的薪酬体系设计

在介绍薪酬设计方法论之前，需要明确薪酬体系设计的三个问题，即薪酬体系设计的输入、过程和输出是什么（见图 6-1）？

图 6-1　薪酬设计思路

- 输入问题：薪酬体系设计的起点在哪里？
- 过程问题：薪酬体系设计要通过什么样的工具、方法或通过哪些步骤、程序来完成输入到输出的转化？
- 输出问题：薪酬体系设计最终的结果是什么？

弄清以上三个问题，基本就弄清了薪酬体系设计的方法问题。笔者在长期的咨询过程中，总结出了关于薪酬体系设计的方法论，如图 6-2 所示。

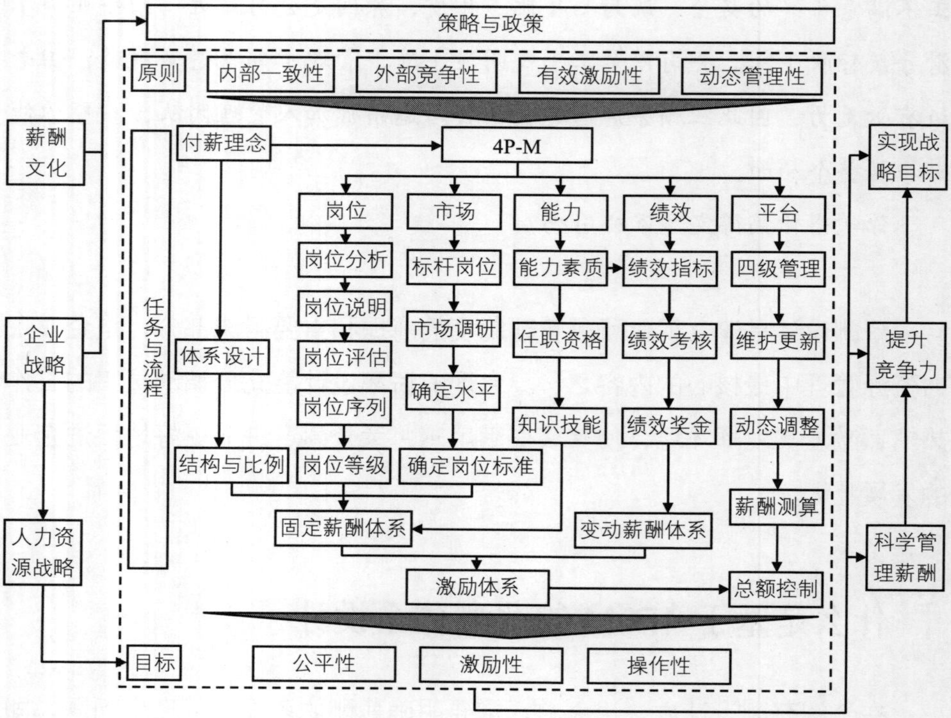

图 6-2　4P-M 薪酬体系设计的方法论

本方法论中的输入是企业战略和薪酬文化；输出是实现战略目标，提升竞争力，以及科学管理薪酬；过程是在企业薪酬策略和政策指导下，关注薪酬的内部一致性、外部竞争性、有效激励性和动态管理性。通过 4P-M 薪酬体系设计的方法论（岗位、市场、能力、绩效和平台），层层细化并运用逻辑推理后的工作步骤，以达到薪酬设计科学化、系统化的目的。

企业薪酬体系设计的出发点是为了落实企业战略（特别是人力资源规划），而薪酬体系是企业战略和人力资源管理战略的重要支撑体系之一。企业薪酬体系设计达到的目的是科学管理薪酬，吸引、保留、激励企业员工，提升企业竞争力。过程中通过付薪因素牵线，明确过程的具体任务及各项设计工作的前后流程和逻辑关系。

4P-M 薪酬体系设计——岗位的确定

确定企业组织结构后，对岗位的职责进行分析，编制岗位说明书，明确岗位职责。利用岗位评估工具，对各岗位进行价值评价，统计评价得分，划分区间，同时对所有岗位进行序列划分设计，打通岗位职业晋升通道，形成岗位分布的职级职序矩阵，确定岗位等级，为薪酬薪级薪档表设计奠定基础。

4P-M 薪酬体系设计——市场薪酬数据的确定

明确与外部市场（竞争对手）对标的标杆岗位，特别要关注岗位名称、岗位职责、任职资格的一致性。所谓市场调研，是指通过外部薪酬数据统计机构提供的薪酬报告或相关网站公开的薪酬数据，多方校验，得到对标企业对标岗位的薪酬水平，为确定本企业相关岗位的薪酬标准提供准确、可靠的数据准备。

4P-M 薪酬体系设计——能力的薪酬支付

在技术类或专业类岗位中，绩效表现卓越，需要具备某些固有的能力，并且达到相当的水平。基于这类能力的差异，企业要进行分析与甄别，建立能力素质（胜任力素质）模型，并将之扩充为相关岗位的任职资格，通过对任职资格中知识、技能等的定义，转化为相应的指标，影响薪酬的确定。

4P-M 薪酬体系设计——绩效对薪酬的影响/绩效与薪酬的联动

绩效指标主要来源于岗位的任务与岗位的人力素质要求，通过绩效考核来量度员工绩效的好坏与多少，从而对薪酬中的变动部分——绩效奖金产生直接的影响。换句话说，绩效奖金或者绩效工资主要取决于绩效的量度结果。

4P-M 薪酬体系设计——平台控制

明确企业薪酬绩效委员会、总经理办公会、人力资源部、薪酬管理岗位的四级管理架构，定期对薪酬体系进行维护更新，依据企业运营情况及外部环境，进行动态调整，对各岗位薪酬增减情况进行测算，做好总额控制与有效激励的平衡关系。

4P-M 是一套体系化的薪酬设计方法，在实际工作中，某一环节或步骤缺失，可根据企业实际情况进行相应的调整，以使设计方案符合企业的实际情况。

薪酬体系设计有哪些步骤

薪酬体系设计包含前期准备、指导思想、数据收集分析、岗位评价、薪酬设计和薪酬实施六个步骤，如图 6-3 所示。

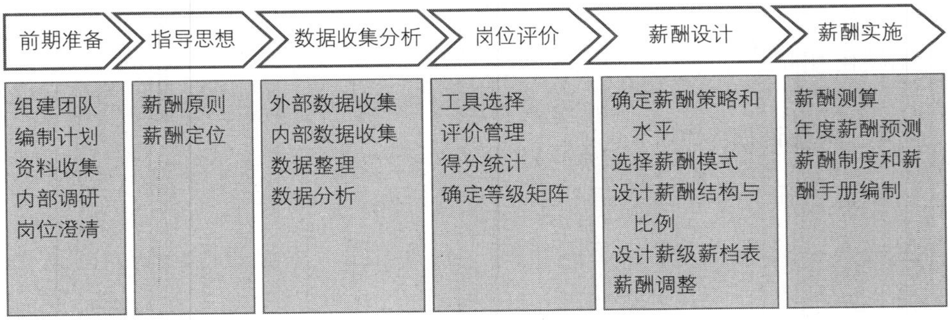

图 6-3　薪酬体系设计六个步骤

前期准备

薪酬体系设计的前期准备主要包括组建团队、编制计划、资料收集、内部调研、岗位澄清等。很多企业往往比较容易忽视该步骤，事实上，前期准备工作的好坏直接影响薪酬设计的效果。

1．组建团队

薪酬设计工作团队人数不需要很多，但应兼顾企业内职位的高低、专业性和代表性三个要素。一般而言，人力资源部人员作为团队的骨干，企业决策层的领导作为团队的负责人，财务、关键业务部门的相关人员有代表性地参与。但要注意薪酬的保密性，团队人员越精干越好。

2．编制计划

明确薪酬体系设计各阶段的主要任务、时间周期、主要负责人，以及每个步骤的时间和产出，以方便薪酬设计过程的整体控制。

3．资料收集

收集企业内部不限于与薪酬相关的政策、策略、制度等，同时要收集所有与薪酬相关的数据，包括现在与过去一段时间的数据。不仅要从宏观层面上了解企业薪酬现状与薪酬管理的过程，同时也要从微观层面上了解薪酬项目和薪酬水平，以便后期通过分析发现问题。

4．内部调研

制订调研计划，确定调研时间及调研对象，选择有代表性的（如不同层级、不同职位序列、不同年龄、不同工龄）人员进行调研，了解员工对薪酬的看法，发现薪酬中存在的问题，作为后期确定薪酬问题的基础准备。

5．岗位澄清

通过对组织结构、部门设计及部门内岗位的设计，统一岗位名称，明确岗位序列，对岗位归类整理，标注重要岗位，使得后期进行有效的岗位价值评价。

指导思想

澄清企业薪酬设计的指导思想，主要目的是从大处着眼，设计与企业文化一致、考虑员工激励要素、符合企业支付能力的薪酬体系。该步骤通过回答以下问题明确了薪酬原则和薪酬定位两方面内容：

- 企业薪酬目标是什么？
- 它支持未来怎样的人力资源目标，是吸引人才、保留人才还是激励人才？
- 如何确保内部薪酬分配的相对公平性？具体使用什么样的方法？
- 如何确保企业薪酬外部的竞争力？竞争对比的区域范围有多大？竞争水平如何？
- 倡导什么样的薪酬文化？

数据收集分析

薪酬数据收集分析的主要目的是发现薪酬问题，了解出现这种问题的原因，从而找出解决之道。薪酬数据收集分析包括外部数据收集、内部数据收集、数据整理和数据分析四部分内容。

1. 外部数据收集

外部数据收集的目的是对标，它是薪酬分析的源头，所以务求准确，否则会带来很大的问题。就外部数据准确性而言，主要关注对标企业的可参考性、内外部薪酬等级的一致性和薪酬结构的相似性三个问题。

第一，对标企业的可参考性。外部薪酬数据收集有两种方式，一是企业内部自己收集，这种方式需要企业内部管理薪酬的人员了解本行业内不同企业的人力资源情况和相关的薪酬数据，相对较难，而且不现实，但成本较低；二是通过外部薪酬数据调研机构购买数据，相对容易，但成本较高。如果外部薪酬数据调研机构选择的是行业内平均的薪酬水平，那么至少选择 5 家企业。相对而言，数据的可参考性不确定。这就要求企业关注行业内相同规模、相同业务范围或业务板块、相同区域内的对标企业，通过各种渠道，获取这些企业的薪酬数据，提高薪酬数据的可参考性。

第二，内外部薪酬等级的一致性。对标企业选择确定后，因为企业划分薪酬等级的方法不同，外部薪酬等级与企业薪酬等级不一一对应，所以，在数据收集时，一定要关注内外部薪酬等级的一致性和对应性。对数据的影响不能简单以薪酬多少来确定企业内部不同岗位的薪酬等级。

第三，薪酬结构的相似性。一般而言，薪酬结构包含基本年度固定薪酬、年度浮动薪酬、年度补贴和年度福利四大类，每类细分因行业和统计机构不同有些许差别。但是薪酬结构各部分的名称和结构划分在不同企业中的差异一定要明确，以免薪酬数据收集出现错误。

2．内部数据收集

在前期准备（或调研诊断）时，已通过不同方式进行了内部薪酬数据的收集工作。因前期准备时的数据收集主要是从企业整体宏观角度出发的，要求全面性和广泛性，所以在内部数据收集时一定要关注数据收集的针对性。根据前期准备得出的初步结论，进一步细化数据收集的范围——连续 3 年年度薪酬数据，除了年度数据，选择最近且人员比较稳定时的月度数据至少 3 个月，以便相互印证，为薪酬设计做好准备。

3．数据整理

数据整理包括人员数据整理、结构数据整理、数据复原三方面内容。

人员数据整理。员工入职与离职，有些人的工资不能在年度数据和月底数据中进行呈现，在数据整理中，要把这部分人及其工资数据删掉，以保证完整年度和月度数据具有可靠性，为后期分析做准备。

结构数据整理。在企业里，需要对所有群体的工资项进行定义和明确，并且清晰呈现，进行同类项的合并，最后形成一个对企业内所有工资项的清单。

数据复原。企业因为对员工有奖惩制度，引起当月或者当年薪酬数据变化，在统计数据时薪酬要复原；对于升职、降职的情况，需要企业结合自身情况进行取舍。这个复原数据可以作为薪酬分析的基础。

4．数据分析

内外部薪酬数据分析至少包括薪酬水平分析、薪酬结构分析、薪酬带宽分析、偏离度分析四个方面。

薪酬水平分析。比较目前企业不同层级薪酬数据与市场薪酬数据所处的相对位置，如果高于 50 分位，说明企业的薪酬比较有竞争力，反之则没有竞争力。不同层级所处的相对位置可能出现差异，例如，基层的薪酬处于市场的 50 分位，高层的薪酬可能处于 50 分位以上或者 50 分位以下，这就是需要处理的关键点。薪酬水平分析应关注不同层级所处的分位段，例如，基层与高层就不能一起比较，可能某条曲线显示基层处于 50 分位以上，高层处于 10 分位以下，如图 6-4 所示。

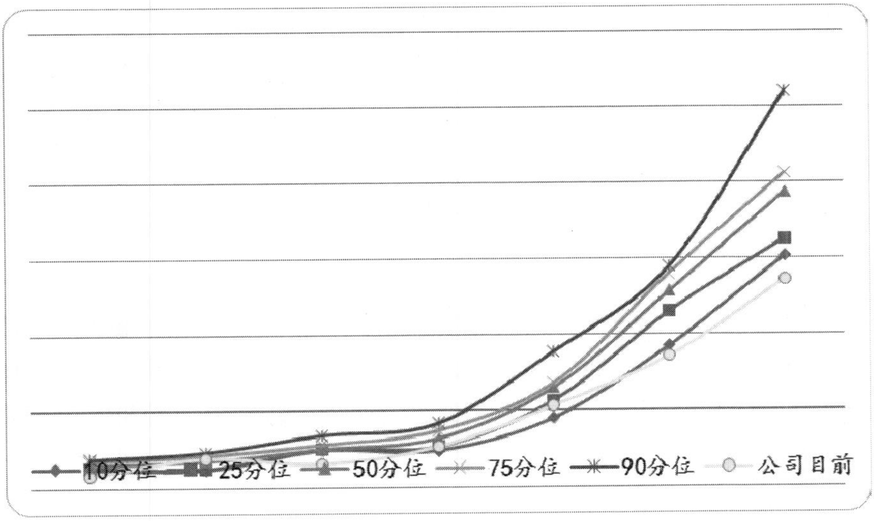

图 6-4　整体薪酬水平折线图

例如，按照 100 家公司的分类模式，分析 X 公司的薪资情况，会发现这家公司的工资水平很不均匀。基层员工的工资比 10 分位还低，相当于这家公司和 100 家公司排在一起，排第 101 名，在基层员工这一级别，工资是最低的。在主管这一级别，工资水平与 100 家公司相比，比较靠前，排在第 10～20 名，意味着主管这一级别的工资高于行业一般水平。经理这一级别比基层员工还惨，比最低的工资还低了不少。总监级别的工资也比 100 家公司都低。根据这样的薪酬数据，能够预测这家公司极有可能出现的情况：基层员工不容易招聘到，工资太低了；主管级别，只要待得住的人都能工作一段时间，因为工资高于行业水平。但是，经理和总监级别的人离职会比较多，即高层和骨干员工都待不住。还有一个问题，为什么主管级别的工资比较高呢？可能因为这家公司成立时间比较长，一些老员工虽然能力水平不太高，但兢兢业业地工作，工资一点点地积累起来了。如此的薪酬水平最终导致这家公司没有战斗力。

薪酬结构分析。薪酬结构是指薪酬的组成部分，分析薪酬结构是为了平衡薪酬的保障和激励功能。薪酬结构分析一般利用柱状图，在薪酬结构各部分一致的前提下，对比内外部薪酬结构各部分的占比，发现薪酬结构中的问题，根据企业的薪酬设计理念，为后续的薪酬结构设计奠定基础。薪酬结构设计要遵循的原则：高层重激励，即变动收入占比相对要大；基层重保障，即固定收入占比要大，示例如图 6-5 所示。

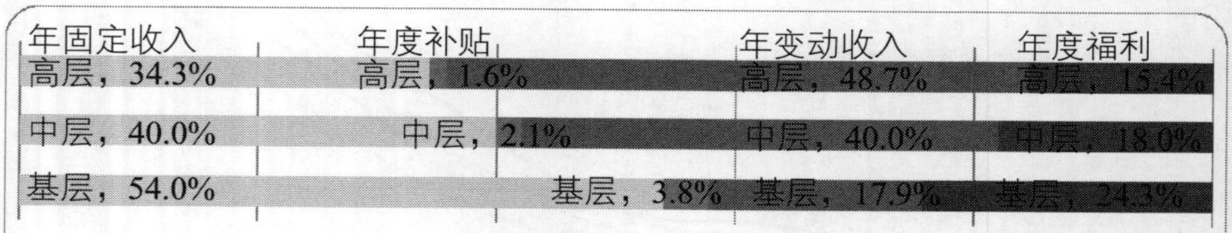

	基层	中层	高层
年固定收入	54.0%	40.0%	34.3%
年度补贴	3.8%	2.1%	1.6%
年变动收入	17.9%	40.0%	48.7%
年度福利	24.3%	18.0%	15.4%

图 6-5 薪酬结构示例

图 6-5 所示公司的薪酬由四部分组成：年固定收入，即基本工资；年度补贴；年变动收入；年度福利。如果把薪酬算成 100%的话，高层的基本工资占比是 34.3%，中层的基本工资占比是 40%，基层的基本工资占比是 54%。越是高层，变动收入越多，也就是说，公司经营得好拿得就多，经营得不好拿得就少，风险高一些。基层的固定部分等于年固定收入加上年度补贴和年度福利，占比约为 82%；对于中层来说，固定部分占比约为 60%；对于高层来说，固定部分占比约为 51%。

这家公司的补贴比较有特点，即补贴的数额基本是恒定的。虽然高层工资数额高，但是比例低。基层收入 1 000 元，高层收入 10 000 元，同样的 500 元，占基层收入的 50%，占高层收入的 5%。具体到这家公司，计算得出基层和中高层的福利差不多。

薪酬带宽分析。薪酬带宽是指一个工资带上最大值与最小值的差。薪酬带宽分析应关注最大值、中位值、最小值的递进性。等级越高，带宽越宽，虽然可以增强付薪的灵活性，但会增加薪酬总额控制的难度。同时要注意不同等级带宽的重叠情况，相邻两个等级的带宽重叠得越多，职业发展所带来的激励性越弱，相邻等级的中位值变化越小，员工升职带来的激励性越弱；反之，激励性则越强，示例如图 6-6 所示。

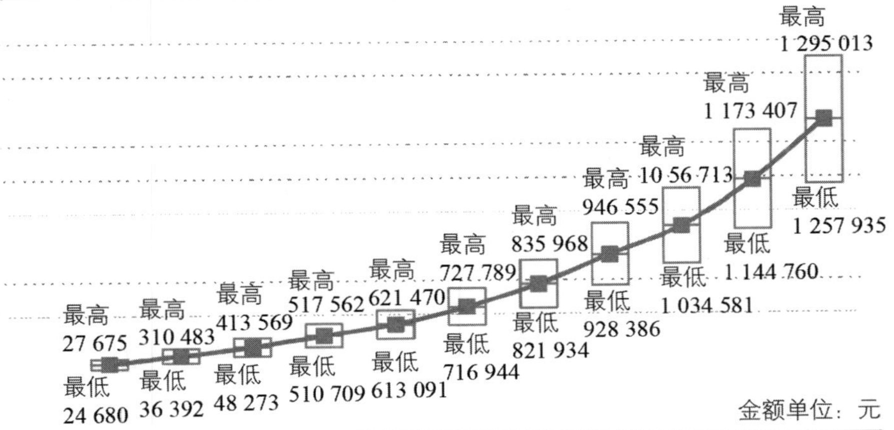

金额单位：元

	1	2	3	4	5	6	7	8	9	10	11	12
低差		1497	2045	2647	3427	4189	5423	7019	9084	11067	14323	18539
高差		1497	2045	2648	3427	4189	5422	7016	9084	11065	14324	18539
最低		4680	6392	8273	10709	13091	16944	21934	28386	34581	44760	57935
中值		6177	8438	10922	14136	17281	22366	28950	37470	45647	59084	76474
最高		7675	10483	13569	17562	21470	27789	35968	46555	56713	73407	95013

图 6-6　薪酬带宽曲线示例

图 6-6 所示的这家公司一共有 12 个工资级别，把同样级别的人的工资

放在这里，有人高，有人低，高的不应该高出工资上限，低的不应该低于工资下限。低于下限，说明公司支付给某级别的员工的工资太低，这些员工可能很快就要离职；高于上限，说明公司支付给某级别的员工的工资太高，增加了成本。

有了类似图 6-6 的薪酬带宽曲线，第一，公司做工资预算就特别简单。比如，公司有 12 人，12 人乘以中位值，工资预算就做出来了。第二，公司员工和工资之间的关系会非常清晰，这是一个递进关系，越往曲线上端人越少。为什么曲线上端会差异特别大呢？因为曲线上端的很多人在做能力量度的时候比较困难，所以需要一定的灵活性。比如，公司需要招聘一位合伙人，给多少工资合适呢？老板心里一点儿底都没有。老板觉得 1 万～2 万元合适，而对方却要求 5 万元，如果此人一个月能够给公司带来 10 万元的收益，那么 5 万元肯定合适，老板也会突破 2 万元的界限。这种情况下，这位合伙人最高工资可给到 6 万元，超过 6 万元，公司就亏了。如果此人要求 7 万元工资，那就没有谈判的必要了。老板让人力资源部寻找合伙人，也可以明确表明该职位的工资最高是 6 万元，按照 6 万元的工资进行招聘就是可控的，人力资源部的工作也会更高效。

偏离度分析。偏离度被用来反映在岗者薪酬相对于企业薪酬与市场岗位薪酬的偏离程度。企业一般分析内偏，内偏指的是各真实数据点与实际企业回归线的距离百分比，反映内部公平性。内偏计算公式为现有薪资数值与同级所有岗位薪资均值相比，然后减 1，偏离度分析关注的是正负 30% 之外的岗位，如超出比例，需要从岗位的重要程度、是否稀缺等因素进行相关分析，发现问题，查找原因。

岗位评价

岗位评价又称岗位价值评估，其目的是确定企业内部等级。在薪资设计之前，人力资源需要有一套完整的企业内部等级体系作为具体设计的基础。岗位等级和薪资等级是不同的概念，所以应该将岗位等级作为薪资等级的基础，但不能完全等同于岗位等级。就岗位评价而言，主要内容包含工具选择、评价管理、得分统计、确定等级矩阵五方面。

1. 工具选择

岗位评价最关键的工作是选择评价工具。一般来说，评价工具可分为通用评价工具和量身定制评价工具两大类别。目前流行的比较复杂和准确的评价工具主要是二十八因素法，这是一种通用评价工具，但各企业在具体评价因素的选择和设置上存在差异。表 6-1 列举了几种比较流行且较为科学客观的评价工具。

表 6-1　岗位评价工具

主要工具	海氏评分法（Hay group）	国际职位评估系统（IPE）	全球职等系统（GGS）	翰威特评估体系	二十八因素法
简要介绍	认为职位付酬因素可以抽象为智能水平、解决问题的能力和风险责任三种	共 4 个因素，10 个维度，104 个级别，总分 1 225 分。评价结果可以分为 48 个级别。这套评估系统的 4 个因素是影响、沟通、创新和知识	一种职位评估软件。首先确定企业整体最高职位等级，然后确定职层，接着详细分析各职位，最后以计算机软件的形式实现评价	包含知识与技能、影响、责任、解决问题、制定决策、行动自由、沟通技能、工作环境等因素	分别从承担的责任因素、知识技能因素、努力程度因素和工作环境因素四大因素、二十几个小因素进行评价
评价	逻辑关系强，但是过于关注问题和过程本身；过于抽象，难引起企业共鸣	因素定义类似海氏，比较抽象；也有些因素比较具体	相对比较科学	因素比较容易理解；范围有一定限制；需不断调整因素	因素比较容易理解；因素过多，部分因素重叠；因素解释有时太详细，针对具体企业的情况需要适时调整

2．评价管理

确定工具后，可以组织专家或评价人员，采用线上和线下两种方式进行评价，评价过程中要对岗位的基本情况进行了解，并遵循“对岗不对人”的原则。

3．得分统计

评价打分后，进行得分统计工作。应建立数据连接功能，汇总所有评价人员的得分结果，对评价结果有疑义或确定其胡乱评价的，可以要求其重新评价。但如果样本数量比较大，一般会采用回避原则，回避其评价结果也没有关系。评价得分汇总后，应计算其平均得分，以便客观反映评价结果。

确定得分结果后，将最后得分从高到低进行排序，并利用折线图或散点法绘制岗位评价得分图。同时，整体考虑企业规模、岗位数量、管理层级等，确定企业整体等级，并根据得分范围和企业整体等级划分区间段。

4．确定等级矩阵

区间划分后，确定了公司整体等级，并把所有岗位区分不同职序。如果评价标杆岗位，则应把企业其他没有评价的岗位一起纳入进来，绘制职级职序表，从而确定企业岗位的等级矩阵。

薪酬设计

薪酬设计主要包括确定薪酬策略和水平、选择薪酬模式、设计薪酬结构与比例、设计薪级薪档表和薪酬调整几个方面。

1．确定薪酬策略和水平

确定薪酬策略要考虑企业战略、薪酬目标及薪酬导向，如薪酬向技术岗位倾斜原则。薪酬水平有领先型、追随型和滞后型三种。领先型是指企业的薪酬水平高于市场平均水平；追随型是指企业的薪酬水平与市场平均水平基本相当；滞后型是指企业的薪酬水平落后于市场平均水平。在这三种薪酬水平的基础上，有些企业对不同的员工群体采取不同的定位，由此形成了混合型薪酬水平。根据薪酬水平，选择薪酬水平分位，薪酬数据调查公司提供的数据一般分为 5 档，即 10 分位、25 分位、50 分位、75 分位、90 分位。领先型薪酬水平一般选择 75 分位到 90 分位，追随型薪酬水平则选择 50 分位左右，滞后型薪酬水平一般选择 25 分位左右。薪酬水平体现的是企业薪酬与外部市场的竞争关系，选择分位越高，外部市场竞争力越强，反之越弱。

2. 选择薪酬模式

薪酬模式是指薪酬的构成及其组合。目前市场上比较通行的薪酬模式包括年薪制、固定浮动工资制、提成工资制和协议工资制。其适用范围及适用岗位如表 6-2 所示。

表 6-2　不同薪酬模式的适用范围及适用岗位

序号	薪酬模式	适用范围	适用岗位
1	年薪制	适用于能够以一年为完整周期对其经营绩效进行评价的岗位，主要包括公司高层领导、子公司负责人	总经理、副总经理、总监
2	固定浮动工资制	适用于职能支持职系、生产和技术职系等各岗位	年薪制、提成工资制和协议工资制以外的所有岗位
3	提成工资制	销售人员，如销售外包，销售管理人员薪资可参考固定浮动工资制执行	销售岗位
4	协议工资制	针对不适合固定浮动工资制、年薪制、提成工资制的特殊人才，其中包括较大贡献者、稀缺人才、顾问、特聘人才等	高中层或关键岗位； 比例不超过总人数的 5%

企业可根据实际情况，在不同层级、不同岗位序列之间选择不同的薪酬模式。

3．设计薪酬结构与比例

薪酬结构是指薪酬组成项目。薪酬结构比例是薪酬组成项目占总薪酬的百分比。

薪酬结构设计一定要考虑薪酬的导向作用，即薪酬各部分涉及的功能，就一般企业而言，薪酬结构主要包含以下四个部分。

固定工资。反映岗位工作量、工作难度等的价值，通过岗位评价等方法确定，大部分公司的固定工资与每月出勤挂钩，主要反映岗位价值。

浮动工资。又称绩效工资，是以对员工工作绩效的有效评估为基础，将浮动工资与评估结果相挂钩的工资部分，主要反映工作贡献。

奖金。对与生产或工作直接相关的超额劳动给予的报酬。根据企业经营效益好坏来确定，或为鼓励某种行为而实施的手段，主要反映超额或强烈鼓励的工作贡献或行为。

福利。是员工的间接报酬，为提高和满足员工对于普遍的、保障性的要求的报酬，包括社会强制的福利与企业自设的福利。

薪酬结构比例一般遵循高层重激励、基层重保障原则，所以高层浮动工资比例占比要高，基层固定工资占比要高。当然也可以根据序列划分不同，在业务岗位，特别是一线销售人员，为体现其激励性，浮动工资比例也应较高。

4．设计薪级薪档表

设计薪级薪档表主要是确定薪级系数、档差比例（档差）、中位值等参数，构建矩阵表，具体如表 6-3 所示。

表 6-3　薪级薪档表

职　级	薪级系数	档差比例	1 档	2 档	3 档
6	4.2	*i*%			
5					
4					
3	2.4				
2	1.4		D	E	
1	1.0	*k*%	A	B	C

薪级系数。薪级系数是最低职级的最低档与其他职级最低档的比值，其计算公式为 D/A。在确定薪级系数时，一定要注意选择市场分位和企业整体薪酬策略的对等关系。

档差比例（档差）。档差比例是指同职级不同档位之间的递增或递减比例，即表 6-3 中 *i*%、*k*%。其计算公式为 E/D−1。档差是划分薪酬等级后，同一级内相邻档位之间的差异大小，其计算公式为 B−A、C−B。档差分析设计一定要注意企业内部不同层级之间档差的大小，一般遵循高层档差相对较大，基层档差相对较小的原则；如果转化成比率，则高、中、基级档差比率逐渐增大，即表 6-3 中 *k*%＞*i*%，这是因为高层薪资带宽较大，基层薪资带宽较小。

中位值。薪资中的中位值是指对应薪资等级中处于中间位的薪资值，即表 6-3 中 2 档 B。在薪酬设计中，一般会用中位值曲线与外部分位值曲线进行对比，分析其整体水平，了解外部市场竞争力情况。所以设计中位值时，应关注中位值曲线与外部分位值曲线的对比关系，根据企业整体薪酬策略，确定其整体水平。

5．薪酬调整

薪酬调整的原因有两种：一是根据市场薪酬水平的变化趋势、组织的发展状况、经营管理模式的调整以及战略重心的转移对现行薪酬体系进行调整；二是根据职位变动、个人绩效、个人能力等对员工个人的薪酬水平进行调整。

薪酬整体调整。薪酬整体调整是指企业根据国家政策和物价水平等宏观因素的变化、行业及地区竞争状况、企业发展战略变化、企业整体效益情况以及员工工龄和司龄变化，而对企业所有岗位人员进行的调整。薪酬整体调整主要有如表 6-4 所示的三种类型。

表 6-4　薪酬整体调整类型表

序号	类型	含　义	适合情况
1	等比例调整	等比例调整是所有员工都在原工资基础上增长或降低同一百分比。等比例调整使工资高的员工调整幅度大于工资低的员工，从激励效果来看，这种调整方法能对所有人产生相同的激励效用	根据外部竞争性以及企业效益调整
2	等额式调整	等额式调整是不管员工原有工资高低，一律给予等幅调整	根据工龄（司龄）、物价上涨等因素调整
3	综合调整	综合调整是考虑了等比例调整和等额式调整的优点，对不同职等岗位进行调整。一般情况下，高职等岗位调整幅度大，低职等岗位调整幅度小	综合以上两种情况

薪酬个人调整。薪酬个人调整是由于个人岗位变动、绩效考核或者为企业做出突出贡献，而给予岗位工资等级的调整。

员工岗位变动或者试用期满正式任用后，要根据新岗位进行工资等级确定；根据绩效管理制度，绩效考核优秀者可以晋升薪资等级，绩效考核不合格者可以降低薪资等级；对企业做出突出贡献者，可以给予晋级奖励。在实际薪酬调整中，我们可以调整基薪值（薪酬体系设计的一个理论依据值），计算公式如下：

新的基薪值 ＝ 原有基薪值×（1+预计增长率）

预计增长率的确定可参考上年度国家 GDP 增长情况、CPI 增长情况、行业薪酬增长情况和本企业上一年度利润增长情况等指标确定。

薪酬实施

薪酬对大多数企业来说是相当重要的成本，企业为了健康稳定发展，必须很好地控制薪酬总成本，力争少投入、多产出，以求达到最大的收益，所以进行薪酬总额测算是关键的一步。薪酬总额测算的结果要保证企业可支付，那么整个薪酬设计的结果要以制度的形式固化下来。因此，薪酬实施除了进行薪酬测算、年度薪酬预测，还要进行薪酬制度和薪酬手册的编制，明确实施的关键步骤。

1．薪酬测算

薪酬测算的目的是检验薪酬设计的合理性和考虑企业的人工成本。薪酬测算本身就是一种数据分析。一般而言，薪酬测算主要有岗位测算和总体测算两种形式。

岗位测算。岗位测算是弄清岗位薪酬调整前后薪资关系，主要反映岗位薪资涨幅或减幅。岗位测算之前要做好薪酬入级入档工作，从岗位现有人员的工龄、岗龄、职称、年度绩效结果等方面综合考虑，设定进档分数。同时，遵循就近就高原则或就近就低原则，把现有人员套入新的薪酬体系。

总体测算。一般企业都会遵循薪酬总额控制原则，所以薪酬总体测算就是要控制人力成本。考虑到人员稳定性，薪酬改革一般不会降工资（个别、极少数除外），但会控制成本。

2．年度薪酬预测

在历史数据基础上，根据前三个年度薪酬均值、年度薪酬均值权重、年度人员编制和预计增长率四个变量，来预测当年年度目标薪酬总额。这种方式能较为客观地控制企业的薪酬总额。具体公式如下：

$$\text{目标薪酬总额}_n = \left(\sum_{i-1}^{3} \frac{\text{实际薪酬总额}_{n-i}}{\text{总人数}_{n-i}} \times k_{n-i} \right) \times \text{总人数}_n \times (1 + \text{预计增长率})$$

式中，k 指各年度在测算中所占权重；n 指年度；i 指第几年。

为方便理解，下面举一个例子进行说明。

假如某公司 2013 年薪酬总额为 1 000 万元，人数为 100 人，2014 年薪酬总额 1 500 万元，人数为 120 人，2015 年薪酬总额 2 000 万元，人数为 150 人，2016 年总人数 180 人。2015 年 GDP 增长率 8%，CPI 增长率 3%，行业平均工资增长率 10%，利润增长率 10%，其权重占比如表 6-5 所示。

表 6-5　各增长率权重占比

因素	GDP 增长率	CPI 增长率	行业平均工资增长率	利润增长率
权重	10%	10%	20%	60%

各年权重占比遵循越近权重占比越大原则，2013 年、2014 年、2015 年各年权重占比为 20%、30%、50%。

（1）前三年薪酬均值计算（见表 6-6）

表 6-6　前三年薪酬均值

年　份	2013	2014	2015
薪酬均值	1 000/100=10 万元/人	1 500/120=12.5 万元/人	2 000/150≈13.3 万元/人

（2）预计增长率计算

预计增长率=8%×10%+3%×10%+10%×20%+10%×60%=9.1%

（3）目标薪酬总额计算

$$目标薪酬总额=\left[\left(\frac{1\,000}{100}\times20\%\right)+\left(\frac{1\,500}{120}\times30\%\right)+\left(\frac{2\,000}{150}\times50\%\right)\right]\times 180\times(1+9.1\%)$$
$$=2\,439.04（万元）$$

从上述信息及计算可以得出2016年目标薪酬总额为2 439.04万元。

3．薪酬制度和薪酬手册编制

薪酬体系正常运行后，应先编制薪酬制度或手册，以便固化成果。薪酬制度主要规定薪酬设计的基本原则、薪酬的管理机构、薪酬总额控制、薪酬调整、薪酬计算与发放等宏观层面的内容。薪酬手册主要规定薪酬设计的过程和一些具体的细节，是微观层面的内容。

以上是薪酬体系设计的整个过程，称为六步法。薪酬体系设计从前期准备，到过程设计，到设计后试运行，到最后的薪酬实施始终贯穿着薪酬的公平性、经济性、激励性、竞争性和合法性原则。只有遵循这些原则，才能保证整个过程的透明、公正。

薪酬策略如何与企业人才战略相结合

薪酬和企业的人才战略有什么关系？按照创新战略、成本战略、顾客战略三种业态，我们分析一下两者的关联性（见图 6-7）。这三种业态影响着企业的薪酬策略，不同业态之下，薪酬策略差异性非常大。

创新战略	1．提高产品的复杂性 2．缩短产品生命周期 3．保持技术领先	吸引并保留有冒险与创新精神的员工	1．奖励产品创新与生产改进 2．薪酬以市场为基础 3．灵活的工作安排
成本战略	1．提高工作效率 2．缩短工作流程 3．降低费用	保留并激励高效率的员工	1．重视成本 2．提高可变工资 3．重视流程控制与工作重新设计
顾客战略	1．维护客户关系 2．加强 CRM 系统管理 3．对市场的变化敏感	吸引、保留和激励取悦客户、为客户提供良好服务、让客户满意的员工	1．客户满意激励系统 2．将工作流程作为评价贡献的依据

图 6-7　薪酬策略与企业人才战略的关联性

创新战略指引下企业的薪酬

创新战略指引下的企业采用创新战略，注重提高产品的复杂性，缩短产品的生命周期，保持技术领先。要想实现产品的这些特点，就需要吸引并保留有冒险与创新精神的人。在薪酬上，对这样的人才至少做到以下三点：对产品创新与生产改进进行奖励、薪酬以市场为基础、灵活的工作安排。比如苹果公司，会寻找一些天才，得到一些新奇的点子，最后产生巨大的价值。创新战略下企业的薪酬体系非常宽泛，越往高层越宽。有些岗位甚至没有薪酬限制，或者没有薪酬范围。它们认为几个英雄就可以支撑一个世界，这样的人也会对自己的价值有相对清醒的衡量。在薪酬方面基本可以这样做：只要这个人愿意来企业，他要多少钱，就付给他多少钱，他们是创新型企业最有价值的人才。

成本战略指引下企业的薪酬

生产型的企业都采用成本战略，顾名思义，越省钱越好。怎么才能省钱呢？提高工作效率，缩短工作流程，降低费用。员工不需要特别聪明，也不需要受特别高的教育，对员工的要求也比较少。只要给员工特别清晰有效的流程与具体要求，让员工按照流程和要求把工作完成即可。

能够高效完成任务的员工是这类企业最需要的。这种高效率的人是薪酬设计中应该鼓励的，这就是为什么有很多企业在薪酬体系中实行“多能工补贴”这种思路。减少一个人，把这个人的工作分给其他人做，其他人分别都增加一点补贴，也增加一点工作技能，成为多能工。

生产型企业重视成本，只要比竞争对手低，最后就能赢。也特别重视可变成本，期望员工不要底薪，全部计件，这种方式对于企业来说是最没有风险的。不断进行流程优化和工作带的设计来降低成本，这是生产型企业的企业人才战略和薪酬策略之间的关联性。

顾客（至上）战略指引下企业的薪酬

以顾客为中心的企业一般是服务型企业，最核心的是满足客户需求，让客户满意。从薪酬策略来看，这类企业最关注的是外部竞争性，也就是相同的岗位、相同的工作内容，与外部相比，薪酬是高还是低。这类企业一般会要求员工维护客户关系，对市场的变化非常敏感，加强 CRM 系统管理，所以会奖励善于取悦客户、为客户提供良好服务、让客户满意的员工。

例如，银行的打分系统，客户打的分高，柜员就会获得奖励。但很多时候，管理者很难评价柜员工作的好和坏。有时候柜员态度好点与差点，顾客可能高兴或不高兴，服务的质量很难用同一个标准去衡量。在这种情况下，一般用流程去界定和评价工作，看员工是否按照规范做了。这类企业最常用的词是标准操作程序（Standard Operating Procedure，SOP），用它去限制每个人的动作，保证每个员工的服务结果和质量。

薪酬发展有哪些大趋势

企业向员工支付薪酬的方式是逐渐演变的，主要有以下几个重要的趋势：一是浮动加薪计划；二是宽带结构薪酬；三是胜任力薪酬；四是弹性菜单式大薪酬。

浮动加薪计划

浮动加薪计划是在绩效加薪的基础上，根据员工绩效考核得分结果，不固定加薪比例的一种加薪计划。例如，假如某人的年度薪酬总收入包含基本工资（A）、绩效工资（B）、福利（C）和不确定的奖金（D）四部分，如表 6-7 所示。

表 6-7　浮动加薪前

A	B	C	D

绩效加薪前该员工基本工资为 A，绩效加薪后，该员工基本工资则为 A+V，且新增加的 V 是不会随下一次绩效考核好坏变动的，如表 6-8 所示。

表 6-8　浮动加薪后

A	V	B	C	D

这种方式存在的一个问题是，当绩效加薪与绩效结果直接挂钩时，才能激发员工提升绩效。同时它也会破坏团队精神，且目前大多数企业绩效加薪依赖于绩效考核，而绩效考核是否科学公平，值得进一步商榷，如果不公平，那么绩效加薪只会增加企业成本，且会出现内部不公平。

基于绩效加薪的上述不利情况，笔者提出浮动加薪计划。仍以该员工为例，浮动加薪计划就会出现下列两种方式。

1. 结构式浮动加薪计划

按照结构式浮动加薪计划，该员工第一年加薪后会多出 B×i%，这部分薪酬是浮动的，薪酬总额如表 6-9 所示。

表 6-9　结构式浮动加薪计划

A	B×i%	B	C	D

表 6-9 中，i 可以是 0～100，根据企业整体效益增长情况确定该比例。标颜色部分是根据员工表现长期浮动的范围区间。这样做的好处是，好员工能得到激励（弹性幅度非常大），创造更高价值，且成本是可以接受的。这也反映了企业效益好时企业拿大头，个人拿小头；企业效益不好时，也不会增加企业成本。

2. 结构调整浮动加薪计划

该计划是在结构式浮动加薪计划的基础上，进一步扩大浮动占比，以高激励形式来体现员工收入与员工表现之间的挂钩关系。仍以该员工为例，其获得的薪酬如表 6-10 所示。

表 6-10　结构调整浮动加薪计划

A（1−i%）	A×i%＋B×i%	B	C	D

宽带结构薪酬

薪酬宽带的变化趋势从原先有严格的等级，到宽带设计，乃至宽带结构。其角色定位也从岗位逐渐过渡到人，这种角色的转换是企业理念变化导致的，反映在如图 6-8 和表 6-11 所示的组织结构和薪酬变化上。基于宽带的变化趋势和角色转换导致的薪酬策略，提出宽带结构薪酬。所谓宽带结构薪酬，是指为满足不同等级或小范围宽带内岗位薪酬的差异性，从而合并类似等级或小范围宽带，增加此类岗位薪酬弹性的一种薪酬形式。

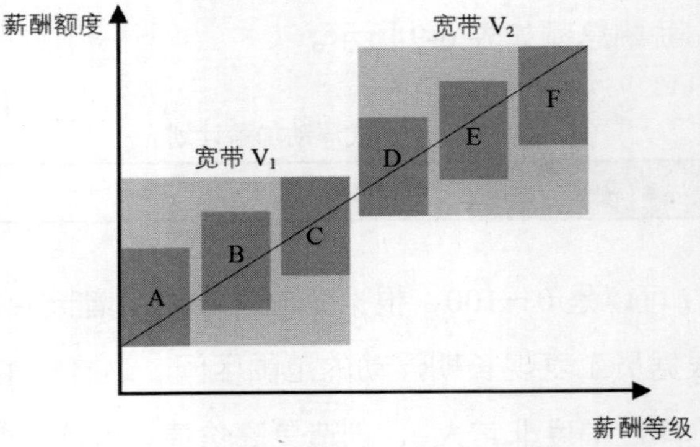

图 6-8　薪酬宽带变化趋势

表 6-11　角色转换与组织结构、薪酬的关系

组织结构方面		
功能 由上至下 高架式	层次减少 以程序为导向 以团队为基础	扁平结构 以知识为基础 自我管理团队
岗位	**角色**	**人**
薪酬方面		
传统的岗位评价/等级结构 以任务和岗位为基础 强化知识的范围和深度 强化晋升	宽带设计 以级别和功能为基础 知识/能力的深度和广度	宽带架构 以职业生涯阶段为基础 由对企业增值所决定 注重员工的职业生涯

通过岗位评价，确定各岗位的职等或职级，而薪酬设计时，企业的薪酬数据最后都会落到这些职等或职级上，每个等级有一个对应的垂直薪酬区间。笔者咨询过的一家房地产企业，设计了 16 个薪级，每个薪级设置了 13 档的薪酬浮动区间。对于所承担的岗位落在这些薪级之中的每位员工来

说，他所在的薪酬等级就规定了其最低和最高薪酬。

那么通过岗位评价确定的每一薪级的浮动范围到底应该多大才算合适？薪酬浮动区间过窄会存在不利之处，如下一级岗位人员觉得自己就应该干与该薪级匹配的事情，如果企业让其负责上一级的相关事宜，他就会觉得自己多干活了，而薪酬没有增加，就会出现消极情绪，影响其工作积极性，甚至拒绝这种工作，除非提高其薪酬待遇。而实际工作中，这种情况很多。因此，传统的等级薪酬可能会造成组织在很多方面的不灵活。

基于上述原因，一些企业正在将它们的薪酬变成宽带结构薪酬。宽带意味着将薪酬等级或一定范围的宽带合并为数量更少但浮动范围更大的薪酬结构宽带，在每个宽带中都包括一些变动范围相对较大的岗位和薪酬水平。将原有 6 个薪级（小宽带）合并成两个范围更宽的薪酬结构宽带。例如，某房地产企业原有 16 个薪级，每个薪级包含 5 万元的浮动范围。当企业把 16 个薪级合并为 4 个薪酬结构宽带时，每个结构宽带中的一系列职位所对应的最低薪酬和最高薪酬之间的差距可能就达到 15 万元或者更多。

胜任力薪酬

人力资源管理从 3P 到 4P，乃至 5P 的发展趋势告诉我们，人力资源管理从原先重视岗位，到重视混合的岗位和人，到越来越重视人的因素，薪酬管理也有同步变化。基于这种原因，提出了胜任力薪酬。胜任力薪酬体系以人才管理为导向，目的就是激励、保留企业人才。那么什么是胜任力薪酬呢？胜任力薪酬是指基于人的综合素质，如知识、技能、行为等来支付的薪酬形式，区别于原来基于所任职位支付薪酬的形式。

胜任力薪酬根据员工达到的技能水平而不是分配给他们的工作来支付薪酬，目的是鼓励员工努力掌握多种技能。如对于一个掌握设计技术的熟练程度已经达到某种水平的三级设计人员，企业支付给他的薪酬可以等于或超过一个四级设计人员。

胜任力薪酬通常包括五个主要部分：一是企业要确定所需具备的特定技能；二是选择一种方法将员工的薪酬与其技能水平挂钩；三是建立一个能让员工获取这些技能的培训系统；四是建立一个正式的胜任力或技能测试系统；五是建立一个能够让员工在不同职位之间转换的工作设计系统。

胜任力薪酬通常也称为知识薪酬或技能薪酬。知识薪酬主要是基于员工学到的相关知识向员工付薪，比如，一旦新服务员记住了菜单，你可能就得多付给他薪酬。在技能薪酬体系里，员工在具备相关技能后会挣得更多，比如，微软会向那些掌握新程序编写技能的程序员支付更多薪酬。

弹性菜单式大薪酬

现代企业越来越重视人的因素，相较于目前流行的按岗位、职位和内部均衡性的薪酬体系，如何在薪酬体系设计上弥补体现人的个性需求和偏好方面，值得大家深思。正是基于这样的原因，出现了自助式整体薪酬形式，这种自助式形式具有非常大的弹性，就像拿一个菜单，可以根据自己所带钱的多少来单点或组合点菜一样，所以笔者称之为弹性菜单式大薪酬。

所谓弹性菜单式大薪酬，是指企业在员工充分参与的基础上，建立每个员工不同薪酬组合系统，并定期根据员工的兴趣爱好和需求的变化，做出相应调整的一种薪酬形式。

采用弹性菜单式大薪酬，企业要满足不同员工的薪酬需求，首先要规定一个尽量宽的薪酬选择范围。基于这种原因，约翰·特鲁普曼提出了反映员工所期望的不同类型的薪酬体系意向组合，并建立了相应公式（TC 为整体薪酬）：

TC =（BP + AP + IP）+（WP + PP）+（OA + OG）+（PI + QL）+ X

公式中的字母代表的意义如表 6-12 所示。

表 6-12　弹性菜单式大薪酬公式中字母代表的意义

结构	名　　称	符　　号	意　　义
1	基本工资	BP	员工能取得最低额度的工资和奖励
	附加工资	AP	企业一次性支付的薪酬，包括加班费、股票期权、利润分享等
	福利工资	IP	企业支付给员工的间接工资
2	工作用品补贴	WP	员工不必在外购买工作用品而由企业本身提供，如制服等
	额外津贴	PP	员工购买自己企业产品的价格优惠或免费旅游等
3	晋升机会	OA	企业内的提拔机会
	发展机会	OG	企业提供的所有与工作相关的学习和深造机会
4	心理收入	PI	员工从工作本身和工作场所得到精神上的满足
	生活质量	QL	员工平衡工作与生活的关系，能享受到工作与生活的乐趣
5	私人因素	X	新生一代员工的特殊个人需求

弹性菜单式大薪酬有很大的优势，但要彻底实施也有其困难：

- 其操作性较差，需要复杂且多样的标准来计算和记录，其薪酬结构的复杂性在员工个人偏好选择因素方面有冲突。
- 在处理员工个人选择问题上需要大量的协调，可能导致双方的不满意，如调查过程的困难。
- 短期内会增加企业的成本，该形式应在长期战略上发展，要看一段时期后的整体效益成本，短期内其效益成本会增加。

通过上述薪酬发展趋势的阐述，我们认为较为理想的薪酬管理模式应包括：

- 将更多的固定薪酬转化为可变的浮动薪酬，即加大浮动薪酬占比，主要把浮动薪酬体现在绩效、生产率、能力的奖励上；可以将部分现金以补偿的形式作为风险性薪酬的构成。
- 因其能力素质不同、个性化需求不一致，应更注重外部的竞争而非因职位不同产生的差异性。
- 细化等级分类后进行再组合，构建宽带结构化薪酬，使每个等级具有更宽的薪资范围以保证具有较大的弹性来满足人员素质的差异化，从而有足够的宽度和上升空间，以适应组织结构。
- 不再片面追求工资总额的控制。

总之，薪酬体系设计的好坏直接影响员工工作积极性，好的薪酬体系能有效激发员工，创造更大价值，从而为实现企业的战略打下坚实基础，做好重要保障。

07

人力资源如何进行福利体系设计

▶▶ 场景导入：薪酬福利经理的困惑

薪酬福利经理王明最近陷入深深的困惑中。公司的绩效平平，按照与集团考核结算的约定，公司的工资总额不能调整。但总经理在年终总结会和公司员工沟通后，收获了大量关于薪酬和福利的抱怨，希望王明年后能拿出一个解决方案，在不增加工资总额的条件下，增加福利项目、提高福利水平，对于公司骨干要给予更多好的待遇。巧妇难为无米之炊，对于这种情况，王明感觉真的无路可走，他向人力资源朋友伸出求援之手，你觉得应该给他什么建议呢?

福利体系应该遵从什么设计思路

福利体系是对薪酬体系中工资体系的一种有效补充，因为单一的薪酬体系无法完全满足员工的个性化需求。福利体系应该与企业整体的薪酬体系结合起来，通盘考虑。

企业薪酬总额确定以后，就要全面考虑工资与福利各自所占的比例，既要避免将福利工资化的倾向，又要避免福利无限膨胀的倾向。所以，在进行福利体系设计的时候，要特别注意福利的合理比例，这一比例在不同的行政区域、不同性质的企业及同一个企业不同的发展阶段都会有所不同，如表 7-1 所示。

表 7-1　福利项目占人工成本总额的比例

分　　位	各项占人工成本总额的比例	
	法定福利成本占比	补充福利成本占比
P25	5%	2%

续表

分　　位	各项占人工成本总额的比例	
	法定福利成本占比	补充福利成本占比
P50	10%	6%
P75	15%	9%
P90	20%	15%

（资料来源：CIIC2014 年薪酬福利调研成果报告）

在进行企业福利设计时，笔者结合之前所做的咨询项目进行提炼与总结，主要从外部环境及内部现状分析、设计原则的确定、方案设计三个方面展开，本节只阐明前两者，方案设计见下一节内容。

外部环境及内部现状分析

企业福利设计的第一步是对宏观政策环境、行业发展状况、企业内部发展现状、成本控制及员工需求等几个方面进行综合、全面的研究与分析。

1. 宏观政策环境

主要对国家的劳动政策、用工政策、社会保障政策、税收政策及社会平均工资等诸多方面进行前瞻性的研究与分析。

2. 行业发展状况

主要对当地市场的福利水平、市场人才供给与需求状况、竞争对手的福利政策和福利水平及企业所在市场的特点与竞争态势等诸多方面进行总体研究与分析。

3. 企业内部发展现状

主要是从企业的战略周期要求、发展阶段、薪酬策略、企业文化等方面展开地毯式挖掘与分析，从而对企业的发展现状有一个较为全面的理解与认知，最终为确定其价值分配方法与规则（福利结构与额度方面的设计）

打下坚实的基础。

4．成本控制

主要对福利方案本身的成本及为了展开福利管理工作而付出的成本等方面进行统一的汇总与分析。值得注意的是，成本必须是在企业可承受的范围内，要预测到该成本在未来几年内的变动情况。

5．员工需求

要兼顾员工当下及中长期诉求，在充分了解员工个性化的需求后，设计针对性的福利方案，真正发挥激励员工、提高生产效率的作用。

在此基础上，还有一个重要的环节就是对员工绩效考核结果的研讨与分析，通过各种科学合理的技术与管理工具将员工绩效结果与其所应该享受到的福利紧密结合在一起，真正做到员工绩效与其所享受福利的动态联动。

设计原则的确定

在进行福利设计的时候，应当遵循 SMART 原则、总额控制原则、差异化原则、精简实用原则与经济合法原则。

1．SMART 原则

实现满足企业自身发展现状与员工需求的福利体系，从方法论上讲，必须遵循 SMART 原则（见图 7-1），即具体、可衡量、可支付、相关性、时限性。只有在充分确定上述原则的基础上才能提高劳动生产率，对员工产生正激励效果。

2．总额控制原则

在进行福利体系设计时，还需要牢记总量控制原则，即对员工福利成本实施动态监控，控制员工福利预算总额。一般来说，福利总额都是按照在薪酬总额中的一定比例予以确定的。此外，福利体系设计的复杂程度及多样化程度都应该根据企业差异化的需求进行机动、灵活的调整与优化。没有最好的，只有最适合员工的福利体系。

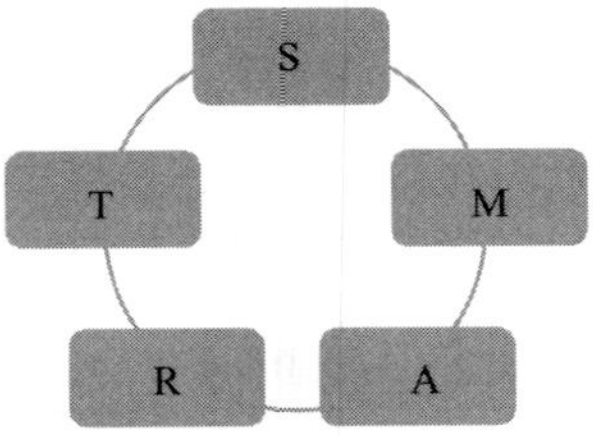

- S 代表具体（Specific），代表明确可行，不能笼统；
- M 代表可衡量（Measurable），数量化、行为化可验证；
- A 代表可支付（Attainable），未超出企业支付能力；
- R 代表相关性（Relevant），与企业发展现状相符；
- T 代表时限性（Time-bound），即福利作为一个常态化的管理模块，在不同的时间点上有不同的形式、内容和侧重点。

图 7-1　福利体系设计的 SMART 原则

3. 差异化原则

要根据各层级、各职位序列员工对企业的贡献及个性化差异的不同，充分考虑福利项目设计与额度。

4. 精简实用原则

简化合并相关福利项目，使导向清晰化并便于操作与管理。关于这条原则，在做不同的项目时，根据客户的具体需求，酌情予以考虑。

5. 经济合法原则

要在充分考虑国家政策与法律法规、外部市场整体发展状况的前提下，结合企业自身实际，进行福利项目与额度的设计。

如何设计福利体系

应该如何设计福利体系呢？首先要了解福利体系的一般构成（见图 7-2），然后再针对性地进行福利体系设计。

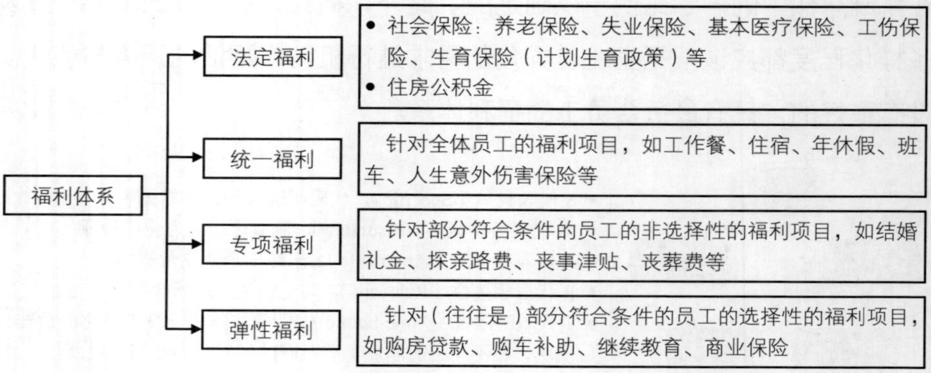

图 7-2　福利体系的一般构成

法定福利和统一福利

法定福利是《中华人民共和国劳动法》中定义的内容，只是在不同企业略有差异。企业有了法定福利以后，就要考虑统一福利的设计。笔者的建议是：

- 统计企业在未来一两年中需要哪些福利的支持，制成表格。每隔一段时间为员工加一点新福利，如 1 月 1 日增加饭补，4 月 1 日增加车补。不建议一次性把所有福利都发给员工。每隔一段时间为员工增加福利，会让员工觉得企业的福利越来越好，比一次性全部发给员工的效果要好很多。
- 一定要考虑竞争对手的福利项设计。如果企业资金比较充裕，在福利方面资金投入得多，在招聘新人时会有很大的竞争力。比如竞争对手有五项福利，企业有八项福利，其中四项福利与竞争对手相同，这就相当于用一项企业没有的福利换来了四项竞争对手没有的福利，这对很多员工来说都是有吸引力的。

专项福利

专项福利可以分为两类。

第一类，是对于不同的事件发不同种类的补贴，如阿里巴巴给员工发结婚礼金，有的企业为员工的小孩发满百日补贴等。

第二类，是对处于不同层级的员工发不同种类的补贴，如企业可以为某些员工配车，为某些员工报销电话费。高层管理者、中层人员、采购人员、销售人员等都会有特别的补贴。

对于专项福利，作用更多的是怎么留住员工。例如，企业想留住某类员工，就会根据他们的特征找出他们的标签，根据标签来设计专项福利。如企业里的技术带头人、科学带头人和技能专家，他们会获得特殊的专项福利。我们国家有“百人计划”“千人计划”“万人计划”，海外归来的人才可以加入这个计划当中，每年获得 20 万元、30 万元甚至上百万元的专项福利。这就是国家做了分析之后，用这种差异化的标签把这群人区分出来发放补贴。

弹性福利

具体内容见下一节。

福利包计划

近年来，“福利包”“弹性福利包”的概念比较流行，即把法定福利、统一福利、专项福利、弹性福利的现金价值全部都罗列出来。另外，把了解到的其他企业有而自己企业没有的福利也罗列出来，评估现金价值。企业为员工固定福利数额，如一年3 000元，让员工选择他想要的福利项，并使得所选的福利项现金价值总额控制在3 000元左右，这就是订制个人福利的计划，也叫福利包计划或福利菜单计划。

这种计划有很多优点，比如某个员工单身，他不需要企业发的儿童幼儿园补贴、儿童大病医补等福利，如果企业按照统一福利发放，就会造成资金的浪费。但如果这个员工喜欢探险，在探险过程中可能会受伤，他需要一份意外保险，企业觉得喜欢探险的员工太少，不设置这种福利项，那么这个员工可能会不满意。而企业觉得员工已经得到福利了，就不应该不满意，双方因此产生了矛盾。

福利包计划就可以解决这样的矛盾：喜欢探险的员工可以选择盗窃险这类福利项，防止他出去探险的时候家中失窃。成家的员工可以选择与小孩、老人、家庭财产有关的福利项。最后只要保证每个人得到福利的现金价值是 3 000 元就可以了。企业没有任何损失，员工也得到了自己想要的福利。只是人力资源增加了福利管理的复杂性，但这种福利包对企业和员工来说都特别有价值，甚至在某种程度上，可能降低企业的整体福利成本。

可以设置哪些弹性福利

弹性福利是一种选择性的福利，如员工可以选择享受或者不享受企业的购房贷款。

弹性福利包含的内容

1. 可折现的福利项目

通过可折现的福利项目，确定福利项目的额度，此项目所有员工都可以选择。可折现的福利项目示例如表 7-2 所示。

表 7-2 可折现的福利项目示例　　单位：元

可折现的福利项目		折现额度		
		高	中	基
读书计划	包括员工培训与购书卡两部分。培训部分的支出一般占工资总额的 1.5%；选择购书卡的目的是提高员工业务能力	10 700	4 800	2 400

续表

可折现的福利项目		折现额度		
		高	中	基
补充养老保险	为提高员工养老水平，提供不同档次补充养老保险	600	600	600
人身意外伤害保险	为员工提供意外伤害死亡及残疾保险、意外伤害医疗保险、意外伤害住院补贴、航空意外险、疾病医疗保险等，以供选择	600	600	600
健康服务计划	为了保障员工身体健康，提供健康体检、健身年卡等健康类服务，可分不同档次，提供不同健身套餐，以供选择	2 000	2 000	2 000
劳动防护用品	为了满足员工工作防护需求，可设不同额度的超市购物卡，进行劳保防护用品补贴（此项主要针对项目现场工作人员）	2 000	2 000	2 000
置装费	根据企业工作实际需要，由各企业统一规定当年置装费发放金额及形式	2 000	2 000	2 000
医疗门诊补贴	特需医疗（报销医药费）	1 800	1 800	1 800

2. 不能折现或很难折现的福利项目

不能折现或很难折现的福利项目，只有企业认定的关键人才或人才储备库里的人员才可以选择。不能折现或很难折现的福利项目示例如表 7-3 所示。

表 7-3　不能折现或很难折现的福利项目示例

不能折现或很难折现的福利项目		适合人员
住房补贴	计算公式为：一次性住房补贴=（无房老员工月均基本工资×年度月住房补贴系数×员工年底前的工作月之和）+（年度工龄补贴额×员工建立住房公积金前的工龄×员工住房补贴建筑面积标准）	关键人才或储备库人才

续表

不能折现或很难折现的福利项目		适合人员
住房补贴	员工按月住房补贴＝员工当月基本工资×年度月住房补贴系数 差额补贴=（年度基准补贴额＋年度工龄补贴额×员工建立住房公积金前的工龄）×差额面积	关键人才或储备库人才
员工子女奖学金	秉承企业一贯支持教育事业、注重社会责任的精神，提供不同等次奖学金给取得优异成绩的员工子女	关键人才或储备库人才
员工援助计划	为使员工更好应对工作和生活压力，建立员工心理援助计划，提供理财、婚姻、心理等方面的咨询服务	关键人才或储备库人才
儿童看护计划	为了缓解年轻父母照顾幼儿的困难，建立“儿童看护计划”，为年轻员工提供子女托儿所、幼儿园费用、儿童读物、营养品发放等服务	关键人才或储备库人才
老人护理计划	为了缓解员工照顾父母的困难，建立“老人看护计划”，向员工提供老人入住养老院、老年健康护理、滋补品发放等服务	关键人才或储备库人才
购车无息贷款	满足员工购车的需要，提供购车无息贷款，缓解员工购车压力，可根据员工的职位、贡献、工作年限、生活等因素，设计不同贷款等次，可规定最低累计点值	关键人才或储备库人才
超长带薪年假	达到国家或企业规定享有带薪年假的员工，因企业业务需要而没有休年假的员工，可在法定年假外酌情增加1～5天带薪假期（需经董事长和总经理批准）	满足条件的人员

弹性福利实施操作

1. 福利项目组合

员工根据企业核定的福利项目成本，可以在自己本年度内享有的福利限额内，自由地在福利“菜单”中选择自己满意的福利组合。在选择的过程中，必须有相配套的约束机制。比如，某些项目在财年开始前就必须选定，如年度健康体检，一旦选定后，在当年不得修改或取消；必须在本人限定福利额度内选择，不得超额，当年未使用完的福利额度不能累计至下年度，即下年度的福利额度归零并重新计算，福利额度不得转让；一些福利项目可能会受数量限制，以额满为止的原则处理等。

此外，弹性福利的约束机制也体现在其他方面，如试用期内福利额度如何计算；员工职位晋升、职位变动、离职等情况引起的福利额度变动的解决与处理；企业发生经营困难、出现信用危机时，员工是否可以选择继续持有福利额度或将所余福利额度折现等。

2. 针对员工福利选择的指导

在员工进行福利项目组合选择时，最高决策机构要对福利的选择过程进行政策性、方向性、框架性的指导，通过各种方式告知员工所做的福利组合选择可以享受的权利及应当承担的责任。通过指导，让每位员工都能够针对自身特点选择相适应的福利组合，达到最佳的激励效果。与此同时，要注意耐心解答员工提出的各种疑问，即便这个过程非常复杂，也要继续坚持下去，确保弹性福利方案的真正落地。

3. 弹性福利理念的宣贯

弹性福利理念的宣贯工作要在项目进行之前就有序展开，是推行弹性福利方案的基础与前提。宣贯的对象范围包括整个企业，涵盖高层、中层与基层，通过地毯式的宣传，让企业每位员工都对弹性福利有清楚的认识，为后续具体实施工作做好充分有效的铺垫。

弹性福利效果评估

弹性福利方案在实施过程中，对实施效果的评估也是非常重要的。效果评估是对弹性福利方案实施结果的最终评定，目的是更好地调整和修改弹性福利方案，以便在下一个工作周期内继续有效执行下去，形成良性循环。具体做法是在弹性福利方案正式实施后半年至一年的时间内，采取综合方式进行效果评估，如面向参加弹性福利项目的员工发放方案实施效果评估问卷，获取具体反馈信息；对于核心岗位、关键员工，采取密集式、正式或非正式的面谈，获取相关诉求；在公众场合（大厅、会议室等）放置弹性福利方案实施效果投诉信箱；设置专线电话、专用会议室、电子邮箱，方便员工的申诉……通过各种渠道全方位了解弹性福利方案实施中的得与失。

弹性福利的优缺点

弹性福利强调的是员工根据企业所提供的菜单式的福利来选择适合自己的福利组合项，给企业和员工带来欢喜的同时，也带来了一些忧愁。

弹性福利的优点

对企业而言，弹性福利实现了福利成本与福利项目的分离，让企业更容易对福利方案进行调整，并减轻负责设计弹性福利人员的心理负担，企业的福利资源也能够得到充分有效的运用。即便在经费不充裕的情况下，企业依旧能够提供额外或新的福利项目，从而有效提升企业形象与竞争力。

对员工而言，从员工的个性化需求出发制定福利项目，能够更加精确地满足他们的真实需求。因为弹性福利是在员工充分参与的前提下制定的，强调员工的自主选择，激励效果事半功倍，而且能够有效避税。

弹性福利的缺点

对企业而言，弹性福利的缺点在于成本控制及设计与实施过程中的难度大。实施弹性福利是一项非常庞杂的系统工程，牵一发动全身，稍有闪失，就会出现严重的后果。

对员工而言，如何在个人喜好与不触碰成本红线间选择最适合自己的弹性福利组合项，也很难。

弹性福利的适用条件

不是所有的企业都适合弹性福利，要从企业经济效益、规模、发展阶段、人员构成、企业文化等几个方面来看。

1．经济效益

企业经济效益直接制约着福利水平的确定，是弹性福利决策得以实现的基础物质条件。同时，弹性福利方案实施初期也需要付出一定的软成本，如人工成本、时间成本、管理成本、沟通成本等。

2．规模

弹性福利发端于美国，实行弹性福利的大多是跨国企业，而且引进弹性福利意味着雇佣关系的变化，需要向员工及相关机构咨询意见，基础管理体系与薪酬管理体系要做到有效应对。这对于规模较小的企业而言，管理成本太高了。

3．发展阶段

企业所处的发展阶段不同，其经营战略、组织结构、薪酬体系等会有所不同，对弹性福利的需求也会有所不同。一般来说，处于成熟发展阶段的国有大型企业，更加青睐于选择灵活、多样且成本较高的弹性福利。

4．人员构成

企业中的人员构成对弹性福利的应用有重要的影响，这直接关系到员工对弹性福利的满意度。不同年龄的员工的福利需求如图 7-3 所示。

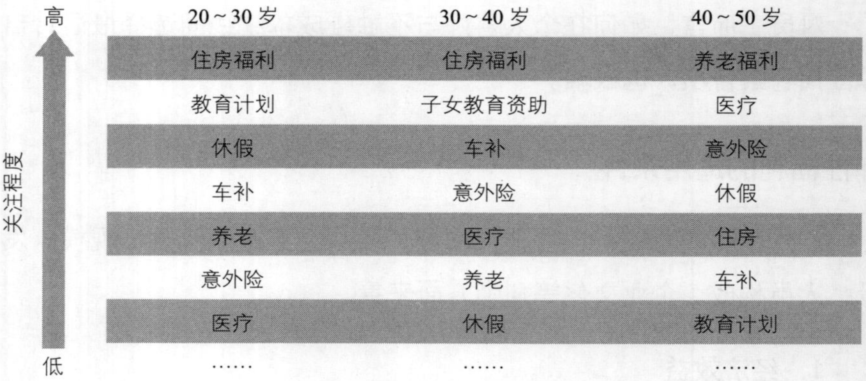

图 7-3　不同年龄的员工的福利需求

（资料来源：CIIC2014 年薪酬福利调研成果报告）

5. 企业文化

充分有效的沟通环节对于弹性福利方案的实施起着举足轻重的作用。对于企业而言，良好的沟通平台能够体现组织内部民主、和谐的气氛。在这样的环境下，如果有一项新的管理政策将要付诸实施，各层级、各职位序列的员工都能够欣然接受，真正实施的时候，易于各项工作的顺利展开，会达到事半功倍的成效。对员工个人而言，和谐融洽的沟通环境能够满足员工各种有关福利方面的需求。企业要充分利用这种良好的沟通文化，真正了解员工的所思所想，给他们提供畅所欲言的机会，从而让弹性福利方案在员工中顺利执行。

福利发展有哪些大趋势

福利体系灵活且多元

传统的员工福利计划往往是以企业为导向的，容易忽略员工的感受与想法，一味追求集体性、共同性，结果造成“想要的福利得不到，不需要的福利一大堆”的怪相，无法真正实现福利设计的终极目标。随着经济的不断发展和社会的不断进步，员工对于福利的个性化需求将更加凸显多元化、定制化，从而倒逼企业在制订员工福利计划时必须真心诚意邀请员工参与其中，共同设计出动态灵活的方案，最终符合双方利益诉求，实现“大家好才是真的好”的美好夙愿。

有的企业在制订完员工福利计划后，就认为万事大吉了，然而事实上，员工福利计划的制订仅仅是一个开头，随着社会的快速发展和时代的变迁，员工的需求也在发生变化。因此，企业应该审时度势，主动去搜索和发现微妙的变化，持续不断地探寻和设计新的福利项目，动态激励员工为企业创造新的价值。

福利体系与绩效适度挂钩

目前大部分企业的福利设计方案是面向整个员工群体的，几乎没有体现福利设计方案与员工个人绩效结果之间的关系，不分你我、干好干坏最终享受的福利都一样，无法提升员工的工作积极性，出现适得其反的局面。因此，为了杜绝这种情况的发生，充分发挥福利方案的激励作用，企业应该实行基于绩效考核的员工福利制度，通过技术层面的手段，适度地将员工福利与绩效挂钩，真正履行多劳多得的诺言。

个人发展与成长是福利焦点

对于员工个人而言，自己的事业发展是最具有前瞻思维和驱动力的。由于科技、文化等全球一体化的蓬勃发展，以及知识、信息带来的无障碍沟通，作为社会最基本组成单元的员工个体也开始了解所在行业的发展现状及今后的发展趋势，在此基础上，会非常想知道企业内部员工发展与成长方面的政策制度与相关举措，以便及时调整自己的发展方向与路径，实现自身价值。因此，作为企业一方，需要在这方面进行充分的考量与设计，让全体员工都知道自己的发展空间，而且在具体方案设计的过程中，要诚挚地邀请员工参与其中，充分获取他们的心声与想法。

满足员工个性化需求

员工关爱的意义在于实现员工敬业、客户满意和企业发展，培养出更加阳光愉悦的员工心态，营造出更加和谐融洽的团队氛围，提升团队的凝聚力、战斗力与执行力，推动企业朝着既定的战略目标稳步前行。具体来说，就是让企业了解整个团队的士气、氛围和工作效率，分析员工心态与工作状态，确定整体提升的思路与关键点，从而制订针对性的关怀方案。在此基础上，选择合适的方式方法稳步推进关怀方案的有效实施，并及时获取员工对该方案的认识与看法，不断优化调整，日臻完善。

现在企业中 85 后、90 后甚至 00 后的员工占有相当的比例，然而对他们的管理也是最让管理者头痛的地方，这些员工由于受所处时代及家庭成长环境种种影响，常常会显得心浮气躁，凡事追求个性化，已经完全不能受到“团队至上”的管理理念的约束。因此，为这些员工做好充分合理的职业生涯规划，展现并满足个性化的需求才能让他们更快地融入企业文化中去。薪酬是问题，但不是全部问题，福利也不再局限于从前所说的福利，只有满足个性化的员工需求，并让他们感受到企业的人文关怀才是正道。

此外，根据权威机构发布的 2014 年薪酬调研成果报告显示，参加调研的企业希望今后在福利方面做出以下调整：第一，丰富福利项目；第二，差异化福利项目；第三，引入弹性福利；第四，加强员工沟通；第五，增加福利投入，如图 7-4 所示。

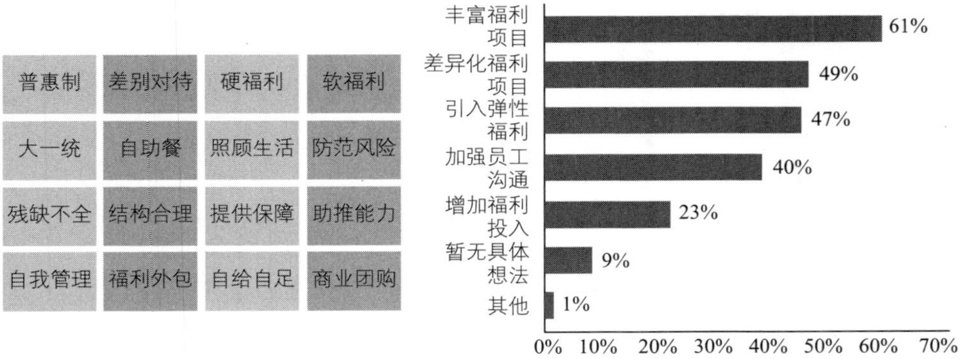

图 7-4　福利体系设计思路

（资料来源：CIIC2014 年薪酬福利调研成果报告）

总而言之，福利反映了企业对员工的长期承诺，一套好的福利方案不仅可以满足员工多方面的需求，提升他们的满意度与工作效率，而且有助于提升企业的核心竞争力，为企业吸引并保留各种类型的人才。因此，企业必须与时俱进，充分了解行业的最新发展动态与趋势，下大力气在企业员工福利的设计与优化方面做足文章，实现企业与员工个体的双赢。

08

人力资源如何使绩效考核起作用

▶▶ 场景导入：人力资源经理的无奈

年底了，公司的绩效考核又开始了，人力资源经理李丽很无奈，因为业务部门基本上是敷衍了事，甚至由部门经理打了总分，让行政助理分解到各个考核项。李丽告诉他们这样操作不行，这些部门经理众口一词：奖金发放不会有问题。李丽开始怀疑自己学的人力资源知识的正确性了……

企业绩效管理正面临冰火两重天。冰：盲目引进绩效管理、方法不对、实施不到位，没有效果之后“预冷”，对绩效管理的诟病也不绝于耳，甚至有人把某日本企业的衰落归咎于绩效管理。火：企业绩效的持续改进和提升是每位企业家心中的热切期望……作为企业的人力资源，有责任了解问题的根源并学会应对，只有能够改变组织绩效的人力资源才是真正的业务战略伙伴。

绩效主义毁了索尼，还要绩效考核吗

对于多数企业而言，建立有效的绩效管理体系仍然是一项挑战。许多企业都在竭尽全力达成重要的成果——如让员工专注于正确的事情，以及驱动他们实现更高的绩效水平，或者希望通过绩效管理来达到企业整体绩效的明显提升等。

“过街老鼠人人喊打”的绩效考核

尽管人们对于劳动力细分和创新的绩效管理实践谈论颇多，但是能够为动态的绩效及职业发展流程提供有效支持的企业寥寥无几，只有少数企业在过去几年对其绩效管理实践进行了修正。

根据美世 2013 年全球绩效管理调查，全世界范围内只有 3%的公司报告称其总体的绩效管理体系能够提供出色的价值。

美世进行的全球调查，收到了 1 050 家公司绩效管理负责人提供的调查反馈，这些公司分布于全球 53 个国家。参与调查的组织规模大小不一，员工人数从不足 1 000 人到 10 000 人以上，并且行业分布也颇为广泛。

最近德勤通过研究也发现，每年耗费 200 万工时的绩效管理系统并不奏效。因此，它开始重新设计更灵活、更个性化的绩效系统——没有连串的目标、年终总结和 360 度测评。这一重构将企业的关注点从过去绩效转移到未来表现上。

相对于德勤，Adobe 的改革力度甚至更大。与德勤类似，Adobe 也发现测评占据了大量时间，却留不住最佳员工。因此，他们取消了年度测评，建立了新测评体系，让老板负责按时与员工沟通，为他们设立预期目标，给出反馈并帮他们发展新技能，提供职业指导。

Adobe 也明确了关于奖励决策的权责以及其他事务，让管理者有更多自主权。总之，Adobe 拒绝管理形式主义，真正确保管理者及时和员工沟通。所有迹象都表明新方法奏效，公司和系统的整体满意度提高，公司留下了该留下的人，送走了该送走的人。

通过上述调查和最佳实践的案例来看，现实中的绩效管理整体效果并不尽如人意，但其中不乏企业进行针对性和个性化的绩效优化设计，取得了良好的效果。

基于 KPI 的绩效考核真的没用了吗

小米总裁林斌在接受媒体采访时说："我们不把财务指标如销售额等当成目标和考核指标，而是鼓励员工以客户为中心——客户对产品体验的满意度就是标准。同时，我们还有很多指标来考核员工，例如，做到手机维修一小时内完成，配送速度从三天缩短到两天，客户电话接通率 80%等。”很明显，小米不是没有 KPI，而是它的 KPI 关注客户指标而非财务指标。

谷歌确实没有 KPI。不过，它有一个叫 OKR 的管理工具，即 Objectives and Key Results，意思是目标和主要成果。这个制度源自英特尔，谷歌创立不到一年就已引入，沿用至今。在 OKR 系统下，员工制定一个目标（O），然后设定一系列主要结果（KR），用来衡量目标是否达成。目标的设定要明确、可衡量。例如，不要说“让网站更漂亮”，而要说“让网站的访问速度提高 30%”。跟 KPI 有区别吗？应该没有。

海底捞对门店经理的考核只有两个指标：客户满意度和员工满意度。海底捞的服务员热情但不做作、忙碌且快乐，还能自主，似乎很享受工作。

不可否认，在互联网经济的今天，创新成为企业发展的核心驱动因素，但无论如何，只要是企业，无论是新兴行业还是传统行业，最终的指向一定是客户需求。错的不是考核本身，而是考核的指向和关注点。

如何设计绩效管理体系

绩效管理体系的设计可以分为四个步骤：

第一，战略的分解，即战略分析。

第二，指标体系构建。

第三，把握绩效管理系统运行关键节点，即绩效的日常管理。

第四，整个绩效管理组织的运行，即绩效实施的组织保障。

在绩效管理体系设计中需要关注几个关键的维度：

第一，战略性。绩效体系是否与战略导向、战略侧重点相匹配，以保证战略的实现。

第二，全面性。战略目标分解是否到位。考核周期、考核方式等是否进行了系统化设计。考核周期是否基于业务的需要，是否基于不同的业务种类、岗位序列的要求进行了不同的设计。怎么解决一致性和差异性的问题等。

第三，管理规范性，绩效体系的实施过程是否规范。是否制订了比较明确和有效的计划，实施过程中怎么指导，结果如何评价，最后反馈是怎么做的，效果怎么样。

第四，指标合理性，简单来说就是干什么考什么。在指标合理性中间会发现，一是干什么考什么；二是考核的时候有一个牵引的行为，让员工按照考核的指挥棒去操作；三是怎么实现员工和企业双赢的结果。这些都可以通过指标的合理性，即指标的确定、选择、筛选、权重等来处理。

战略性

1. 基于战略的 KPI 分解是绩效考核体系构建的前提

绩效管理体系如何体现战略性呢？关于战略性，最简单的思考就是从企业战略到每个指标的层层分解，到每个员工的考核指标。在整个过程中，从企业的愿景和使命到企业的战略规划，到关键成功因素，到 KPI 指标和非 KPI 指标，最后落实到一个指标库或者指标体系里。指标体系不仅控制了工作的结果，而且控制了工作的过程。考核指标是承接企业战略的，怎么有效实现战略，需要的时间周期有多长，这都需要通过考核指标来表现。当然，战略不只是包括做什么，还要包括做多少，这需要 KPI 指标目标来界定。KPI 指标是考核什么，目标是考核多少，这使得战略能够一步一步落实，一步一步实现。

2. 确立关键成功因素的关键绩效指标

对企业战略起支撑作用的指标，为关键绩效指标即KPI。衡量KPI，有一个比较好的工具叫平衡计分卡，平衡计分卡对KPI的描述，一方面兼顾了量化类的指标，另一方面兼顾了非量化类的指标，能够协助各指标之间建立起互相支撑的逻辑关系。一般来说，平衡计分卡包括四个维度的内容：

- 财务内容，包括提高企业盈利水平，提高资产利用率，控制合理的财务结构等要素。
- 客户内容，包括提高市场份额，提高经销商满意度，提高最终客户满意度，建立良好的企业品牌形象，提高市场盈利能力等要素。
- 内部运营内容，包括提高技术创新水平，提高市场洞察力，以市场引导销售，提高供应链管理水平，提高客户关系管理水平，建立并持续改善工作流程与制度，提高职能管理水平等要素。
- 学习成长内容，包括提高整体劳动生产率，持续提高员工技能水平，创建持续创新、勇于变革、富有弹性的企业文化，提高员工满意度，提高应用系统的应用水平等要素。

四者之间是互相支撑的关系。在3～5年里要做成什么样，主要由财务内容来衡量。做多少是基于客户可不可以让企业做这么多，或者市场允不允许做这么多，这是客户内容。但是客户的获取、客户的维系、客户市场的扩大，是通过内部运营、内部管理、服务、技术各个方面的改善得到的，是根植于内部管理效率的提升，管理效果、管理能力，以及技术服务等是内部运营内容。最终还要基于员工的素质和能力，即员工学习成长内容。

3. 压力层层传递，目标有效分解

绩效指标确定的思路就是将企业的工作目标和要点分解到部门；将部

门的目标分解到员工的日常工作与任务中去。通过对部门和员工两个层次的考核，有效地实现了压力传递，从而保证了各部门和员工努力方向不偏离企业目标，最终保证企业总体目标的实现（见图 8-1）。

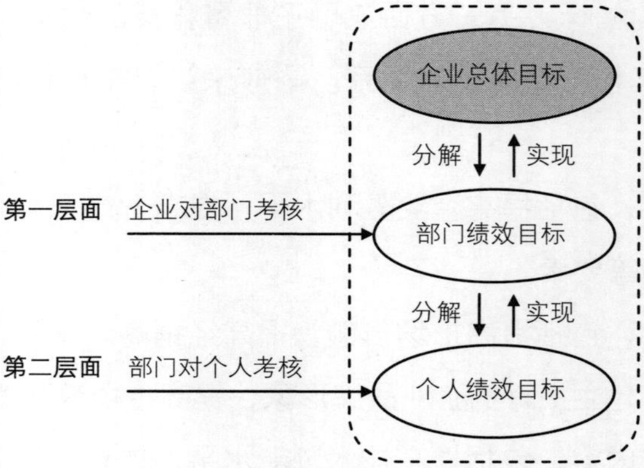

图 8-1 目标有效分解

在企业层面，可以用平衡计分卡清晰描述目标是什么，但到部门的时候就会出现一些问题：企业总体目标不能分解到所有部门去，或者某些指标落到几个不同的部门，会有很大的差异。到了部门层面，也出现不能简单往下分解到个人或者岗位的问题。核心问题是部门之间的指标有相互的逻辑关系。有些前线部门需要向后线部门提出要求，这些要求对后线部门来说也是考核指标的来源。从上往下分解的指标是经线，横向互相提出的要求指标是纬线，织成一张网后，就把整个企业的事情全部网起来了，也就形成了互相支撑的逻辑关系。平衡计分卡有利于战略的传导，因为这个体系会自动产生前线部门、后线部门逻辑的传导关系，而不用专门在流程中间设计这样的环节。

全面性

1. 全面考虑指标体系与操作体系的无缝对接

全面平衡绩效指标，可以使企业明确战略重心及关键路径，保证战略实现，所以前期要做指标的筛选。筛选指标时，需要回答以下几个问题：

- 是否所有的 KPI 都在指标系统里？
- 是否所有的环节都叫关键控制环节，都可以用指标来控制？
- 是否所有的重要结果都可以用指标来体现？
- 是否所有的岗位特征都可以用指标来体现？
- 在指标的操作过程中是否做到简单和高效？
- 指标的获取成本是否都比较低？

如果针对这些问题都能给予肯定的回答，那就说明这个指标体系设计得既有战略性，又有全面性。

绩效指标之间实现无缝对接后，就要考虑整个体系的可操作性。比如，当我们设计绩效考核体系时，一定要考虑相关数据的可收集性。如果这些数据收集起来很困难，或者需要的成本很高，那么价值就不大，需要用其他指标来替代。对于绩效管理操作体系，需要明确以下问题：

- 清晰界定绩效管理角色与职责，确定绩效目标。
- 经常进行绩效指导，并完成定期回顾。
- 通过合适的绩效评估方式，保证及时、准确地记录个人或组织绩效，收集绩效信息，以供管理者分析调整。
- 通过将考核结果与浮动薪酬/职位挂钩，调整相应的激励机制，促进整体绩效的提升。

2. 构建绩效体系的主要内容及其内在关系

在做绩效体系指标设计时，一般有三类指标：KPI 类指标或者叫考核类指标；能力类指标；态度类指标；有些企业会增加文化类指标。从指标的全面性来看，要确定被考核人的情况，谁来考核谁，通过几层来考核。根据被考核人的不同，在考核内容、考核关系、考核周期等方面会分别进行设计。

设置考核周期需要考虑的因素有：

- 从业务角度考虑，明确行业特点与业务特质。
- 从激励目标考虑，明确诉求，明确激励群体特质。
- 从管理成本考虑，考核占用时间及考核频率，是否能提取数据。

一般来说，业务发展越快的组织，考核周期越短。业务发展越慢的组织，考核周期越长。比如，甲公司销售消费品，一般情况下需要一周或者一个月考核一次。与政府有关的工作，可能是一年或者两年考核一次。

有的企业进行绩效考核时会在考核中间设定节点，或者不同节点考核的内容各有偏重，比如，有的企业由月考、季考加年考构成，每个考核节点的指标可能存在设计偏重，月考主要考核关键的量化指标，季考则是增加管理类的指标，年考则添加能力类指标，设计成复合性的、逐层进阶的模式。

管理规范性

1．绩效的流程化管理

绩效管理是通过对企业战略的建立、目标分解、绩效评价，将绩效管理用于企业日常管理活动中。绩效管理的规范化也就是把绩效计划、实施过程、控制以及绩效考核评价到最后的绩效反馈整个流程规范到制作文本里，使制作文本一遍遍地传播，形成考核习惯，或者形成绩效管理文化。这就要求对绩效进行制度化管理。简单来说，就是要求管理者做员工的日常绩效辅导工作。针对绩效考核，管理者在什么时间点上做评价，考核人和被考核人都是哪些人，整个考核组织是什么样的，考核完了以后，最后分数是怎么汇总、计算、排名的。绩效考核的组织工作由人力资源部负责，各个业务部门和员工来做绩效考核的具体工作，最后做决策的是企业的绩效管理委员会。

在具体的绩效考核时，每个企业会根据自己的情况采取不同的方法。有的企业是上级直接考核下级，有的是隔级考核。上级考核下级，同时上级的上级会分配一个权重；也有上级考核员工，上级同级别、跟员工关系密切的人也来考核该员工；有的企业采取 360 度考核，上级打分、同级打分、下级打分、客户打分，最后汇总成总分。

在绩效管理中，如果只是为了打分而打分，最终结果就是为了发奖金而发奖金；而对员工来说，很难知道什么做得好什么做得不好，所以要进行绩效反馈。管理者要告诉员工哪些做得好，哪些做得不好，怎么去改进。在绩效反馈时，核心的问题是利用绩效考核表，与每个员工进行讨论，指出做得好与做得不好的地方，和员工沟通如何提升，如何让员工改变自己。不要只追求结果，要追求员工在工作中的进步。

2. 绩效应用——九宫格模式

绩效应用常用九宫格模式（见图 8-2），如用绩效和能力来制作一个二维表，绩效分高、中、低三档，能力分强、中、差三档，形成九个格，绩效高、能力强的人，会放在职业发展通道提升部分，说明这些人就要提升了，在企业员工中一般占 3%～5%的比例。有的人绩效很高，但是能力很差，毫无疑问这些人是需要培养，多做培训，让他们提高。还有一个极端，就是能力很强，但绩效很低，这些人需要让他们去改变自己的心态，积极努力地工作。假如绩效很低，能力也很差，一般情况下这就是属于被淘汰的员工。从九宫格中，企业可以根据绩效与能力的不同，采取相应的措施来应对。

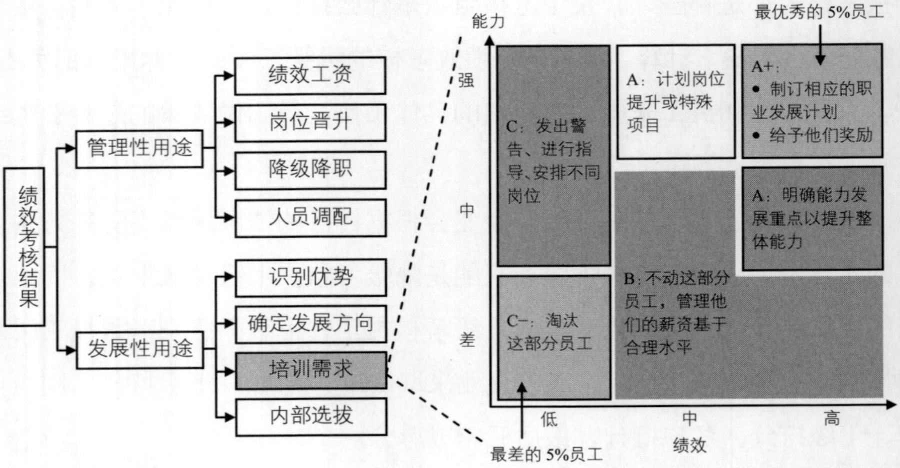

图 8-2　九宫格模式

绩效管理体系的规范性，还要考虑体系各要素之间的关联性。比如绩效应用常用九宫格的模式来区分，九宫格和整个体系之间就可以产生关联，有明确的对应关系。如图 8-2 所示，九宫格里分为六个部分，A+是绩效高、能力强的员工，企业制订相应的职业发展计划给予奖励、提升，比例一般是 5%。横排第一排中间的 A 这一格，表示这些员工需要锻炼，绩效不是特别好。竖排右边第一列中间的 A 这一格，表示员工只要能力提高就会变成最好的 A+员工。像 B 这一格的员工，绩效和能力都是中等，在薪资上给予他们合理的水平，不高不低就可以。

从规范性角度来说，存在一个悖论，往往是企业绩效考核越规范，人力资源部的工作做得越细，业务部门的灵活性就越差。反过来说，业务部门的灵活性越强，那么对人力资源部和企业来讲，统一性和规范性就越差，而且还不容易做对比。一个好的绩效管理体系设计就是要在这二者之间寻找平衡。

指标合理性

从整个企业来说，首先要厘清各层指标分解的出发点。指标合不合理，是关键因素。指标相当于具体工作和战略之间的通路。判断指标是否合理，从部门角度来看，要确定基于企业战略的 KPI 和基于制度流程的 CPI，尤其是关键考核领域、关键考核结果、关键考核效果等。但在实际操作中，从考核角度来说，每个工作都看成工作流，做好关键节点控制以及其他节点控制就可以。如果能控制好，而且是在不同层级的工作流中都控制好的话，非常不容易。

考核指标确定后，企业一般是在每年度或者每个季度或者每个月度都会定一个目标，这个目标确定后，一般称为绩效合同，按层级签署。有的企业是全员签，有的企业只是管理者签，有的企业只是高管签。在绩效合同里，考核的要素大致是 5～7 项，不能太多。如果考核的内容太多怎么办？一是把这些指标浓缩到 5～7 个指标里，这种方式可能比较困难；二是用 5～7 个指标来考核，另外设计 5～7 指标作为监控指标，这样就把重点、非重点区隔出来了。

绩效管理如何落地，体现什么价值

在做绩效管理和员工沟通时，一定不要只与员工沟通做了多少工作、怎么计量、计量之后的回报是什么，这样做会把绩效管理变得非常枯燥、没有价值。

绩效立意

对于好的绩效管理体系来说，管理者需要和员工讨论两方面的内容：

第一，企业目标是什么？怎么实现？

第二，员工未来想要发展成什么样子？需要在工作中锻炼哪些能力？这些能力哪些是员工最缺乏的？需要在工作中做到什么水平来证明自己达到了能力的要求？

这是绩效管理技术方面的要点，是与管理者绩效管理技巧直接联系在一起的。

大部分企业做绩效管理体系，是脱胎于奖金分配的。奖金分配对员工而言有多和少的问题，有的时候管理者很难衡量。有些方面考虑到了，有些方面考虑不到；有些方面的衡量是准确的，有些方面的衡量是不准确的，考核出来的结果自然有很大的主观性。员工通过拿到的钱来判断老板对自己认可的多和少，即便一元钱也存在多和少的区分。在这种情况下，员工和管理者之间意见不一致也就非常普遍了。

一个好的绩效管理体系应当取得这样的结果：老板在关心我怎么成长，在这个过程中，我必须实现哪些目标，才能对得起企业和老板对我的关心。如果员工这样思考问题，绩效管理体系就容易成功。

绩效面谈

绩效面谈是绩效实施的关键因素，面谈得好，绩效考核会落到实处。但是大部分企业都没有做好，并不是因为人力资源没有推动绩效面谈，而是业务经理绩效面谈有问题。

一是业务经理不想谈，对这件事的认识不到位。

二是业务经理不敢谈，没有信心谈。

三是业务经理不会谈。

大部分业务经理为什么不想谈呢？因为业务经理不觉得这是他分内的事情。如果他知道这是自己分内之事，认识到与员工沟通同时也在帮助员工成长，就迈出了关键的一步；如果他意识到绩效管理是管理的核心工作，只有把绩效管理做好，员工才能发展得好，企业的目标才能实现，部门的任务才能完成，对他来说又迈出了关键一步。这两步需要人力资源往前推进。

大部分业务经理在与员工谈绩效时，心里都没数。为什么？一是业务经理给员工打分的时候，没有证据支持他打出的分数；二是业务经理之前没说清楚打分的标准；三是业务经理和员工之间存在情绪冲突；四是业务经理的个性问题，没办法与员工面谈。

笔者总结了两个方法：一是旁观成功的业务经理和员工面谈的过程，最好是正职和副职一起，正职为主，副职去学习，这种方式是最有效的；二是企业模拟面谈场景，做一些角色扮演的游戏。通过不断地与员工面谈来磨炼自己，克服心中的恐惧。

如果人力资源从企业层面去推动，效果会比较好。

请专业的老师为业务经理讲绩效管理面谈的课，做角色扮演的游戏，老师点评面谈技巧，通过这种方式让业务经理知道该如何进行绩效面谈。如果企业在这方面没有预算，可以采取另一种方式，即每个考核期结束，人力资源组织研讨会，让业务经理互相分享经验，总结出更好的办法来与员工面谈。

绩效分析

与员工沟通绩效管理体系时，要让他们明白建立绩效管理系统的目的是什么。一是向绩效管理做得好的部门学习，提升员工的水平。二是向绩效管理做得好的企业学习，让企业的整体水平再上一个台阶。很多企业的人力资源做完绩效考核体系以后，基本上沉浸在绩效考核填表、汇总、打分上，打完分以后就结束了，然后等待第二次的填表、汇总、打分，很少有人力资源做后期的绩效分析。

企业整体的绩效水平如何？绩效结果和企业要实现的目标有什么关系？不同部门的绩效分数大概是什么水平？绩效分数是不是公平的？在整个企业可不可以做绝对的绩效比对？比如，有一个部门打分很松，所有人都是 99 分，有一个部门打分很紧，所有人都是 65 分。从企业层面来看，他们的绩效其实差不多，但在整个企业做比对的时候就会出现问题。那么面对此问题，人力资源在做绩效分析的时候是否解决了呢？

可比对的绩效大概在什么水平？人均效率、人均利润、人均产值、人均合同额等，在不同部门中怎么分布？比如部门与部门之间的横向比对，某部门前年、去年和今年的纵向比对，或者上个季度和这个季度的纵向比对。通过这些比对，就会发现绩效有高有低。人力资源要分析导致绩效高或者低的原因，找到问题所在。再与业务部门沟通，确认这些问题。这样业务部门也清楚了问题所在，提出的改进建议他们也会认可。这种绩效分析能让绩效考核体系的成功率达到 50%。

很多人力资源认为，业务部门对人力资源工作不支持、对绩效考核体系不支持，实际上不是如此，是因为人力资源的工作在绩效管理上沦为行政管理了。如果人力资源扮演绩效分析师，就像财务分析师一样，对整个绩效进行比对和分析，最后在管理会上提出意见和建议，那么业务部门会非常认可人力资源的工作，人力资源在绩效管理推动中的作用也是决定性的。

好的人力资源进行绩效管理体系操作的时候，首先要解决怎么去想的问题，属于立意方面的问题。要从上到下做工作，老板要知道自己是有约束的，业务经理要知道与员工进行深度沟通，这样绩效管理的基础就打好了。其次是怎么做的问题，侧重技巧方面，如面谈、目标设定等。再次是做绩效分析，设计系统和分析结果，两个缺一不可。

09

人力资源如何进行培训

▶▶ 场景导入：培训题目应不应该听老板的

“啪！”培训效果评估报告被老板摔到桌子上，“我要的是实实在在的培训结果，不是官样文章！如果还是这个样子，你这个培训经理别干了！”刘涛尴尬地从老板办公室出来，长叹一口气，现在的老板太难伺候了，年初按照老板说的培训题目找的培训合作商，三次培训结束后，老板翻脸比翻书都快！按说，刘涛也进行了问卷调查，也对讲师进行了认真的筛选，课程组织工作也没出纰漏，莫名其妙就被老板这么狠批一顿！太冤枉了，真比窦娥还冤！

一个企业所做的 80%的工作，它的竞争对手同样会做。要完成工作，需要获取信息、知识、原材料和技术，而这些资源对各方都是开放的。因此，一个企业的成功与否，就取决于它工作中的另外 20%，而这 20%完全是人的因素。归根结底，现代企业的竞争是人才的竞争，是人才胜任力的竞争。员工培养在人力资源管理中发挥的作用越来越大。

如何安排最适合企业的培训

企业的核心是人，人的核心是能力。对企业来说，员工的能力加上企业资源的支持，达到企业绩效的目标，不断支持企业目标的实现，最后企业的战略也就实现了。所以，好的培训要解决战略实现、目标达成、能力达标、个人发展四个问题。

因此，对培训管理者来说，首先思考的问题，是要了解一个企业的生命周期的概念，不同阶段的培训任务、意义、价值等，深刻理解其中的差异。比如，在初创期，培训在很多企业里都不是一种正规的行为，但也都有培训的意识，也都做了一些培训。这个阶段的培训可以称为能力传递。

培训需要有经营思想

如表 9-1 所示的企业生命周期，在四个不同阶段，战略目标、规范程度、组织形式等都有很大差异。

表 9-1 企业生命周期

	初创期	爆发期	成熟期	衰落变革期
战略目标	生存	成长	稳定	挽救/突破
规范程度	不规范	规范化	规范	过于规范化
组织形式	流动的	结构的	稳定的	官僚的
招聘人员	价值认同	发展认同	工作认同	利益认同
技巧要求	从实践中总结	掌握一定工作技巧	掌握必要的工作技巧	掌握特殊的工作技巧
能力发展	大量实践、师带徒、非正式沟通	公开课、简单内训、研讨会	系列内部培训、阶梯传递体系	特别的课程，支持变革目标

从能力发展来说，初创期，培训以实践总结为主，做一个项目总结一下，也叫师带徒，即一个徒弟跟着一个老师学习，效果很好。通过非正式的沟通，如聊天等，很快就学会了。

爆发期，员工越来越多，企业希望找到比较靠谱的员工，即能干活的员工。这个时期企业资金不会很宽裕，所以不会给予更高的待遇，招聘的员工大多是业务半熟的人。为了拥有能干活的员工，要培训管理者花很多钱去做培训不太现实，因为成本过高。因此，比较好的培训方式是找一个业务基础比较好、吸收能力比较强的人去参加公开课，学习之后给全体员工做分享和内部培训。这种培训方式成本低、效果好，适合正在发展中的企业。

成熟期，企业应该有自己的培训体系，有逻辑和系统化的培训内容、系列的内部培训课程和培训管理制度。培训体系是阶梯性的，是一层一层往下传递能力的过程。此时企业需要的是能把活干好的员工。例如，很多成熟期的企业都有新任经理培训。

衰落变革期，企业需要的是具有某些特质或者在某些方面能力非常突出的员工。例如，企业即将解散，此时就需要一个能实施裁员的人，企业要求裁员一半后，剩下的员工还有工作干劲，这就需要谈判与沟通能力非常强的人力资源，培训管理者要安排相应的培训，专门对人力资源做“裁员”沟通的培训。

不同阶段需要不同的培训内容。其实在培训运行过程中，形式是多样化和复杂化的，培训管理者要善于根据企业存在问题和所处阶段，安排最有针对性和最有效的培训。

也就是说，任何一位培训管理者，首先要有企业经营思想。很多企业开展培训，都是根据战略目标分析培训需求，然后在外部找老师给员工讲课，或者设计出一门课程，培训完以后也不进行效果分析。培训工作是每个企业都需要的，真正合格的培训管理者的核心工作是根据企业战略，首先区分企业能力强弱，针对能力弱的部分，一方面找到合适的员工弥补，另一方面是找人教会员工使之具有这个能力。其次结合培训战略和绩效结果，分析企业培训需求和各层级、各专业能力发展需要，制订基于每个部门、每个人的能力发展计划。实施分层、分专业的能力发展计划，建立高效的知识传递流程。最后不断地评估员工能力发展状态，评估员工能力能否支持企业的业务发展。

如何做系统的培训

获取培训需求

培训需求获取的方法有很多种。

第一是访谈法，分析员工工作绩效的好与坏，询问员工做了哪些具体工作，做得不好的核心原因是不愿意做还是不能做，是资源不够还是能力欠缺。如果是员工能力欠缺所带来的问题，同时整个企业的员工在这种能力上都有所欠缺的话，那么就需要做全体培训，弥补这种能力。

第二是问卷法，分析企业业务，针对这些业务可能涉及的能力设计问卷，让员工填写。这种方式很快捷，能够很快知道企业需要哪些培训。但是问卷设计水平特别重要，设计不好，问题就是虚假的，或者是杂乱的，或者方向不对。

第三是绩效分析法，通过绩效看业务部门的人员构成，就会发现这个部门缺什么。有可能缺少某个年龄段的人，或者缺少某些专业的人，或者缺少某些类型的人，然后组织这个部门的员工进行头脑风暴，围绕提高部门绩效的问题进行讨论，最后形成培训需求。

第四是关键事件法，即出了事故该怎么办。比如出现工伤，安全设施都没有问题，只是员工欠缺一定的安全意识，那么就进行安全观念的培训。

第五是观察法，通过仔细观察，觉得缺什么，就安排相应的培训。有着丰富业务经验的人，用这种方法效率比较高，判断也比较准确。没有业务经验的人最好不要用此方法。

第六是标杆法，即别的企业做什么培训，我们企业就做什么培训。同一个行业里，各企业的业务具有一定的相似性，所需人员素质和能力也具有共同性，所以可以借鉴同行业其他企业的培训设计。

大部分企业获取培训需求时会同时使用几种方法，寻求最准确的培训结果。因为在企业里，培训投资回报率是最高的。美国里根时期曾做过一个关于小企业培训投资回报率的调查，培训投资回报率是 1∶8，即在培训上投入 1 美元，就产生 8 美元的收益。

制订和实施培训计划

培训计划主要包含以下问题：

第一，培训目的是什么？

第二，培训预算、课程怎么安排？

第三，培训人员情况如何？

这些问题明确了，培训什么、怎么培训、什么时候培训、花多少钱等就都解决了。在培训计划实施的过程中，主要关注的是人员培训发展的架构、课程体系、年度培训发展预算、课程内容介绍、课程登记表和培训记录等。

设计培训体系

培训体系涉及三部分内容，第一是课程体系，即学什么；第二是培训规划，即什么时候学，跟谁学；第三是管理体系，即培训是怎么运作的（见图 9-1）。

课程体系是基于岗位职责和胜任力模型分解出来的。例如，人际沟通能力分为善于聆听、表达、人际关系、谈判，高效表达能力分为人际表达、演讲、汇报、写论文等，经分析发现，人际表达就是“表达技巧”，演讲和汇报其实就是“演讲和呈现”。这样课程题目就出来了，能力素质也就被分解为一门一门的课程，可以实际操作了。

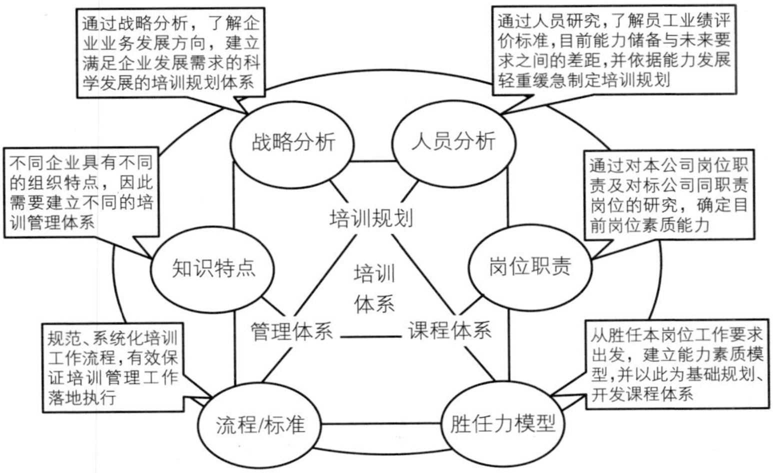

图 9-1　培训体系

培训规划是怎么来的呢？首先分析企业战略，企业发展方向是什么，需要哪些能力，目前的员工具备哪些能力，能力缺口在哪些方面……把这些问题搞清楚，就是在做培训规划。

培训规划的核心内容包括培训目的、培训内容以及培训形式。

培训目的是基于战略分析、人员分析而得到的，哪些员工上什么课，通过这些课要达到什么效果。培训的形式多种多样，如面授、一对一的教练、内部研讨会、自学、读书会、网络学习、外部研讨会、EMB 教育等。培训规划其实就是规划好培训目的后，找到合适的培训内容，再辅以合适的培训形式。

管理体系的核心内容是根据企业的发展阶段、企业的业务体量与人员数量，设计合适的管理政策、制度、流程、标准等。

培训评估

培训结束之后，要进行评估，总结培训中的问题。一般采用五级培训评估模式。

一级评估，即反应层评估。评估内容：被培训者的满意程度。可以询问的问题：被培训者是否喜欢该培训课程；该培训课程对被培训者是否有用；对培训师及培训设施是否满意；课堂反应是否积极。评估方法：问卷、评估表填写、评估访谈。

二级评估，即学习层评估。评估内容：测定被培训者的学习效果。可以询问的问题：被培训者在培训项目中学到了什么；培训前后，被培训者知识、理论、技能有多大程度的提高。评估方法：评估调查表填写、笔试、绩效考核、案例研究等。

三级评估，即行为层评估。评估内容：被培训者所学知识的运用效果。可以询问的问题：被培训者在学习上是否有改善行为；被培训者在工作中是否用到培训内容。评估方法：由上级、同事、客户、下属等进行绩效考核，测试，观察绩效记录。

四级评估，即结果层评估。评估内容：培训给企业带来的影响。可以询问的问题：行为的改变对企业的影响是否积极；企业是否因为培训而经营得更好。评估方法：考察质量、事故、生产率、工作动力、市场扩展、客户关系维护等。

五级评估，即投资报酬率评估。评估内容：培训给企业带来的收益。可以询问的问题：培训前后员工效益差、培训效益持续的年限等。评估的方法：投资报酬率=（培训后效益−培训前效益）×年限/培训成本。

对整个培训体系也要进行评估，一般分为三个阶段：第一是规划阶段，第二是执行阶段，第三是效果阶段。

在规划阶段，评估的目的是培训需求定位，评估内容：培训需求整体评估；被培训者知识、技能和工作态度评估，被培训者工作成效及行为评估；培训计划评估等。评估方法：访谈、问卷、工作任务分析法、绩效分析法、测评等。

在执行阶段，评估的目的是确保培训质量。评估内容：组织准备工作评估；学员参与情况评估；内容和形式评估；对讲师的评估；后勤管理评估等。评估方法：访谈、问卷、小组讨论会等。

在效果阶段，评估的目的是追踪培训成果，反映培训核心。评估内容：目标达成情况评估；效果效益综合评估；培训部门绩效评估；年度培训综合评估等。评估方法：五级培训评估模式。

如何进行有效的入职培训

入职培训是指对新员工进行的导向性培训，又称岗前培训。其目的是使新员工了解企业的基本情况，对他们进行企业文化、基础业务等方面的教育。大多数企业的做法是先将新员工集中起来，就企业文化进行简单的讲解，时间从半天到一天不等。入职培训要想取得良好的效果，首先要厘清入职培训的目的。

入职培训的目的

入职培训是新员工接受企业文化的最佳时机。其目的主要有以下几点。

第一是与新员工建立情感链接，最好全员参与欢迎新员工。

第二是建立信赖关系，让新员工对组织、对管理团队有一个好的印象，产生信任。让新员工产生信任，不是单纯的信息传递就可以达到的，最好能创造一种体验，让新员工自己去感受和体会，通过体悟，自我驱动，发生改变。也就是说，员工的归属感是否能够建立，在新员工进入企业的前期就决定了，并且很难改变。

第三是让新员工全面了解企业，包括企业的发展历程、组织结构、企业荣誉、业务领域等。如果企业能够给新员工描画出企业的发展宏图，又能够关注到员工的个人成长，那么企业对新员工的吸引力和凝聚力就会进一步增强，增强新员工的信心，达到帮助新员工融入企业的目的。

第四是让新员工了解工作要求、行为规范和相关管理制度。部门职责、岗位职责，以及员工行为规范、员工考勤管理、人力资源、财务、行政相关管理规定需要告知新员工，无规矩不成方圆，掌握了企业的种种规定才不会走弯路。

第五是为新员工补充知识，提升新员工技能。入职培训要设计成一个训练系统，分成不同时段、以不同的方式组织实施，入职培训终点是新员工转正。这部分工作往往由新员工所在部门负责。

入职培训的最终目的是让新员工融入企业，首先是认同企业文化，产生信赖感；其次是了解自己的定位和成长路径，相信自己可以获得成长；最后是了解企业要求和自己能力的差距，制订提升计划。

入职培训计划实战案例

某高科技企业急需一名硬件测试高级工程师，用人部门和企业高管都很着急，多方努力下，5 个月后终于找到了一名合适的候选人，人力资源部松了一口气。新人报到后，人力资源部对其进行了半天的入职培训，并与其签订了劳动合同，然后将新人交给了用人部门。用人部门主管之前没有管理过硬件业务，于是很客气地请新人先看一下之前的技术文档。新人在看了一天半的资料后，找到人力资源部经理，提出要离开企业，在人力资源部的一再挽留下还是走了。人力资源部一筹莫展，对用人部门很不满意；用人部门也很失望，因为他们对新人寄予了厚望。老板知道了这件事，批评人力资源部没有留住人才。

根据这个案例，笔者尝试着给出入职培训的要点和操作注意事项。

1．集中培训阶段

集中培训由人力资源部统一组织，定期进行。主要内容包括：领导致欢迎词；企业内部参观；企业概况（发展历程、组织结构图、领导团队、荣誉、专利）介绍；企业市场定位、业务领域、行业介绍；企业文化宣贯（企业标识、愿景、使命、价值观）；企业的人才观、员工晋升通道设计、职业生涯设计；企业薪资和福利体系（考勤要求、假期、补贴、发薪日、保密制度、员工活动、俱乐部）；行政、财务办事指南（报销手续、办公用品领用）；企业绩效管理体系；员工行为规范（办公室礼仪、着装要求、电话使用规定）；企业奖惩规定；安全生产规定；办公系统应用；沟通交流机制及方式；拓展训练。

注意事项：

- 为规避法律风险，人力资源部需要保留有员工本人签字的培训记录。
- 企业发展历程、企业文化，由创业者、亲历者来讲授效果更好。
- 员工礼仪训练作用很大，可以规范员工的行为，让员工自觉遵守纪律。
- 适当引入拓展训练，通过精心设计的活动，体验式教学，使员工自己体会、感悟，产生自我改变的动力，这是其他方式无法达到的效果。

2．部门培训阶段

由部门领导或指定专人负责，主要内容包括：认识新同事，熟悉工作环境；安排工作指导人；了解部门职责；了解新员工岗位职责；了解相关工作要求，了解工作流程和标准；所需工作技能和知识；所需工具使用。

注意事项：

- 为新员工指定工作指导人，工作指导人可以是一人，也可以是多人。

- 部门与员工共同制订本阶段培训计划，并明确考核方法。
- 人力资源部审核培训计划，督导培训执行，收集新员工的意见和建议，参与对新员工的考核。
- 人力资源部记录工作指导人的表现，作为奖惩依据。

3．组织交流活动提升阶段

由人力资源部统一组织，一般在新员工入职三周后召开新员工座谈会：与领导、同事加强交流，加深感情；沟通交流工作疑难，获得经验；提出对企业的意见和建议；加强对企业文化的体悟。

注意事项：

- 可以根据新员工人数多少，分成不同层级来进行。
- 座谈会以新员工为主体，开放沟通、互动。
- 主要领导参加，不做主题发言，主要回答员工的问题。
- 业务骨干参加，根据员工提问，解答业务疑难，分享工作经验。
- 人力资源部创造良好的氛围，回答其他问题。

4．自我学习提升阶段

由部门与新员工制订岗位全面学习计划，由部门领导或指定工作指导人带领新员工按计划学习和实践，确保新员工全面理解业务要求，顺利完成部门任务等。

注意事项：

- 人力资源部参与此阶段的计划制订。
- 人力资源部督导计划执行进度，收集新员工意见，督导部门改进。
- 人力资源部参与对新员工的考核，考核结果作为转正的依据。
- 人力资源部考核部门领导和工作指导人的工作，作为绩效考核依据。

10

人力资源如何建立任职资格体系

▶▶ 场景导入：迷茫的员工

一家生产汽车零部件的民营企业发展很快，几年就成为业内知名企业。由于发展过快，很多年轻员工被推向管理岗位。这时，企业在人的管理方面开始出现问题。年轻管理层在人员任用、选拔方面的任性风格导致人员晋升的数量、标准等差别很大，人员管理混乱。

员工知道只要工作干得好，就有可能晋升，但是具体达到什么标准，就不清楚了，至于未来的职位要求是什么，自我的发展方向怎么定，就更不了解了。一旦工作上不顺利或感到前途渺茫，员工就要求岗位调动，至于调到什么岗位有利于自己的发展也不清楚，这样的调动十有八九也不会理想，这无论对员工还是对企业来说，都是一种损失。

| 任职资格体系的价值是什么

实现人才培养的“三化”

实现人才培养的“三化”即能够实现人才培养的规范化、标准化、批量化。对于人才的管理和培养，中国企业普遍处于“下意识状态”，大多数企业在招聘后，就把员工丢在水里任其自行发展，能游到对岸的还是少数。一些员工始终在水里打转，既不知道该如何游上岸，也看不清彼岸。

任职资格体系是一开始就建立一系列的标准和发展方向，让员工在还没有下水的时候，就知道该如何游、怎么游以及游到哪里，从而帮助员工明确努力的方向，并能通过客观衡量的标准，让员工的工作更有成效。让员工按照已经成功的路径和方法做事，可以最大限度地避免反复多次也无法获得一个正确结果的情形。通过资格的认证，员工还能知道自己与标准的差距，明确自己改进的方向和重点。

解决管理人才的选拔和培养

任职资格体系可促使新晋升的管理人员快速继承企业的管理理念，短时间内掌握有效的技能和知识，新老管理人员不断自我激励、互相学习，尽快形成职业化干部队伍。人力资源部门日常的招聘和培训无法从根本上解决这个问题。

实现人才的横向流动

任职资格体系可确保能者有其位，有效保留员工。员工大多都有成长和向上的欲望，但传统晋升通道多集中在管理线，然而管理岗位数量有限，无法满足员工对于晋升激励的要求，许多优秀员工堵在晋升通道之前。任职资格体系通过对职位的合理分类，形成各个资格领域，建立起各领域的职业发展通道。员工基于自身发展，可选择成为管理者或资深专家，因此可有效缓解人员晋升空间问题。

为招聘选拔提供标准和改进方面

人力资源管理已进入人力资本阶段，其关键特征是把人看作可增值的资本，高度重视对人才的培养和开发。人才成为企业发展的第一生产力。员工具备多大能力，取决于企业在多大程度上对其进行开发。任职资格体系可提供标准和改进方向，使得招聘选拔具备明确的标准，为培训、领导梯队建设、轮岗等工作，提供标准要求、学习及绩效改进等方面的内容。

任职资格体系的要求有哪些

从整体上来说，任职资格体系必须满足以下两个要求。

以完成任务为目的

建立任职资格体系的直接目的，是确保任职者知道如何开展工作，有效达成设定目标，因此体系应包含做好现有工作所必需的素质，同时还需具备有效落地的步骤。但是，太要求完美的任职资格体系，可能因为标准太多、要求太高，无法招到胜任的员工，更重要的是，企业可能缺乏相应的管理基础，没有能力实施如此繁杂的体系。

实用第一，不追求完美

出于实用主义考虑，需要对完美的任职资格体系进行瘦身，留下那些完成任务所必需的资质及环节，最大限度地把握主要矛盾。同时，要依据实际情况进行变通，不必拘泥于通用的模式与要求，必要时可有所侧重，甚至“以偏概全”，即选取任职资格模型中的一部分，如胜任力或知识技能，作为任职资格管理的核心内容来操作。

如何设计任职资格体系

建立分类、分层的职业发展通道

任职资格标准的建立要依托于规范的职业发展通道。首先，对现有岗位体系进行梳理。从岗位序列方面，要将不同性质的岗位分门别类，一般可分为管理序列、营销序列、研发序列、机电序列、工艺序列、质量管理序列、化验序列、采购序列、人力资源序列、财务序列等。从人才成长规律方面，要体现出从低到高的层级，人力资源、财务等可分为初、中、高三个层级。其次，对于关键业务序列人员，则需适当拉开层次，如研发、技术人员，可设置初级工程师、助理工程师、工程师、高级工程师、专家五个层级，以确保其有充分的上升空间。

接下来，在职族及级别梳理的基础上，设计出员工职业发展通道。通过双重晋升通道的建立，不同的员工可以找到最适合自己的发展路径，企业方面可有效缓解晋升的压力，及时对员工的成长给予认同。

职业发展通道的设计要做到以下几点：

- 服务于企业战略发展。
- 与实际工作紧密结合。
- 可实现垂直上升和横向流动双向发展。
- 分类标准统一，区分度明显。

设定任职资格角色和标准

1. 任职资格角色定义

任职资格角色定义是指，从所需资质、知识、技能、能力行为、绩效成果等方面，对岗位任职资格进行粗线条定义，一方面为建立资格标准提供基础框架，另一方面确保标准开发人员统一标准。一般而言，所需资质可分为学历、专业、资质证书、相关从业年限等。知识可根据广度和深度两个维度，细化为行业知识、企业知识、专业知识、相关知识等；技能与能力行为可根据各类人员的工作特点及必备职业素养，细分为业务处理能力、沟通能力、学习能力、组织协调能力等；绩效成果可依据各类人才成长特点，设定为服务年限、工作成果、相关经验等因素。同时，任何一个任职因素，可按照掌握程度分为了解、熟悉、掌握、精通等不同等级，或者区分为在帮助下能做事、能独立做事、能指导他人做事、能处理不常出现的复杂的问题等层次。

2．建立任职资格标准

建立任职资格标准是依据角色定义，明确描述各类岗位所需的资质、知识、技能、能力行为、绩效成果等要求，构建完整的任职资格体系。任职资格标准满足 20/80 原则，能力行为属于冰山下层的潜能，对于绩效的达成起着持续而稳定的作用，其构建方式与其他任职资格要素存在区别。下面主要讲述能力行为标准的建立。

第一，建立能力行为标准。

能力行为是一个人内在特质在工作生活中的外显，可从行为标准、自我形象、社会角色、动机等不同层面去揭示。可以说，能力行为要求是任职资格标准中的核心要素，它在很大程度上决定着一个人的未来发展。能力强的人，即使在外在知识、技能及资质方面存在欠缺，但其内在的潜能可使其迎头赶上。

第二，能力行为标准构建方式。

行为事件访谈法，以目标岗位的任职者为访谈对象。通过对访谈对象的深入访谈，收集访谈对象所做的成功和不成功事件，挖掘影响访谈对象目标岗位绩效的细节行为。之后，对收集到的具体事件和行为进行汇总、分析、编码，在不同的被访谈群体（绩效优秀群体和绩效普通群体）之间进行对比，找出目标岗位的核心素质。

行为事件访谈法属于高度专业的方式，尤其是通过描述事件挖掘细节行为，以及之后的汇总编码，需要具备一定的胜任力和心理学背景及实操经验，并且需要大量绩效处于优秀或平均的访谈对象，否则很容易将此方法扭曲，将任职资格引致错误的方向。

问卷调查法，是指基于胜任力词典设计能力调查问卷，包括能力定义、分级标准、评分、权重等，对岗位相关的人员，如在岗人员、上级、对接人员等，进行调查、汇总分析该岗位所需的能力行为。

问卷调查法是行为事件访谈法的权宜之计，在标准建立人员专业度不足的时候，可通过直接的方式形成一套标准。然而，这种多人评分加权的方式，各方理解程度和评分标准难以统一，难以确保能力行为标准的有效性。此外，问卷调查法严重依赖现有的胜任力词典，无法做到基于岗位针对性的开发。

工作任务分析法，是访谈精通业务的绩优人员，通过对重点工作任务的梳理，引导其挖掘胜任这些任务所需的能力。后续对上述内容进行梳理，汇总成能力行为标准。

任职资格等级考核有哪些阶段

任职资格等级考核，是以员工的实际表现为基础，对其所达到的任职资格等级进行评价，将其纳入职业通道等级中。

任职资格等级考核可分为以下三个阶段。

准入资格审核

对于岗位要求的专业背景、资质、绩效等准入资格，由人力资源部按照标准进行审核。但要从任职资格体系上权衡准入资格，从多方面考量人才。

知识技能考核

知识技能属于员工应知应会的内容，应对此进行考核测评。为督促员工更好地学习和掌握这些内容，可先组织员工参与相应的学习和培训，然后再进行测试。考试未通过者，重新参加学习或培训，然后再测试，直到通过为止。

知识技能的考试一般通过问卷，以选择题和判断题的形式进行，一方面可提升操作效率，另一方面兼顾应试公平性，以平衡老员工与新员工在应试能力方面的差异。人力资源知识技能考试部分样例如图 10-1 所示。

1．人力资本与财务资本最本质的差异是（　　）
A．人力资本是无形的，财务资本是有形的
B．人力资本的价值不易衡量，财务资本的价值容易衡量
C．人力资本是主动资本，必须通过有效激励才能发挥作用，而财务资本是被动资本
D．人力资本更不容易贬值

2．以下哪项描述是正确的（　　）
A．人力资源管理是人力资源部的工作，与各级管理者无关
B．人力资源管理就是对员工能力进行管理
C．人力资源管理是各级管理者最基本的职责之一
D．业务管理比人力资源管理更重要

3．以下哪项不属于人力资源管理的范畴（　　）
A．培训管理
B．流程管理
C．绩效管理
D．薪酬管理

4．以下哪项工作不是人力资源管理者的职责（　　）
A．指导、培养下属
B．考核、评价下属
C．激励下属
D．与上级沟通制订部门工作计划

图 10-1　人力资源知识技能考试部分样例

能力行为认证

能力行为属于任职资格标准中的潜能部分，反映复杂深沉的人性和潜能，目前尚未发现足够有效的测评方式，因此多采取多种测评工具组合，多角度测评结果相互校验的模式，以求最大限度地获得准确评价。常见的测评方法有专业答辩、360 度问卷调查、行为事件访谈、心理测评、情景

模拟等。各种测评工具各有所长，没有绝对的优劣之分，应因地制宜、灵活选用。各种能力行为测评工具的比较如表 10-1 所示。

表 10-1　各种能力行为测评工具的比较

测评工具	测评适用内容	准确度	效　率	备　注
专业答辩	工作过程中的行为、能力标准	较高	较低	专业答辩需要投入较多的精力，尤其要求专家小组需要具备较高的专业和管理素养，应尽量由高管人员及受测员工的主管组成
360 度问卷调查	工作过程中的行为、能力标准	一般	较高	需解决 360 度问卷调查过程中的主观评分尺度问题
行为事件访谈	工作过程中的行为、能力标准	较高	低	对于访谈者有很高要求，必须较为熟悉业务，并且善于从具体事件中挖掘背后的能力
心理测评	个人心理潜能	不一	较高	要求对心理测评工具足够熟悉
情景模拟	工作过程中的行为、能力标准	较高	较低	情景模拟开发及实施的成本很高，仅限于少数关键岗位

任职资格体系应用案例

在整个人力资源系统中，任职资格体系起到至关重要的作用，要将其与招聘选拔、人员培养教练、人才梯队建设、管理制度等模块链接起来，明确各个环节的用人标准和培养方向，共同发力，多方面促进人才的成长和提升。要注重任职资格保障体系的建立，即将任职资格与企业薪酬体系和晋升体系对接。员工在任职资格体系中的任何一次上升都应及时地予以激励，确保员工持续保持学习和成长的热情，并将其融入组织氛围和文化中来。

C 公司是工程管理公司，下辖设计院和工程管理公司，主要业务有工程设计、工程总承包、分包、工程管理和监理等，现有员工 700 多人，主要为技术人员和工程人员。为更好地提升现有人员能力并梳理上升通道，该公司开启任职资格体系建设，覆盖范围为工程设计人员和管理人员。任职资格模型涉及准入资格、知识技能和胜任力，因其高知特性，任职资格模型的重点向胜任力倾斜，胜任力分为通用能力和专业能力。通用能力是涉及企业核心价值观和战略理念、通用于全公司的任职要求，确定这些能力的方法主要有内部战略文化分析、资料研读、行业标杆对比等方式，而与岗位更加相关的专业能力则需通过专业的行为事件访谈、能力行为问卷调查和工作任务分析等方式进行。因为受访对象人数有限，不足以支撑行为事件访谈的分组对照，所以工作任务分析发挥了更大的作用。受访人员均为行业专家，对于专业和岗位有非常深刻的认知，对任职者所需具备的能力也有较为深入的思考。

而准入资格与知识技能则通过问卷调查与访谈研讨相结合的方式，每次调研问卷回收回来，就组织问卷填写者进行研讨，确保所填写的内容符合岗位的特质，且具有一贯的原则性。C 公司的任职资格模型测评分为三部分，第一部分为准入资格筛选，这项工作由人力资源部完成。第二部分为知识技能评定，每两年一次，由总工程师、部长、部门经理、项目经理和资深专家组成的评价小组对相关人员进行考评。第三部分为能力行为，考虑到公司预算及管理现状，无法采用多种测评工具相佐证的方式，以 360 度问卷调查代之，每个岗位的任职者都要由其直属上级、项目经理、同事和本人进行评价。

任职资格体系设计有哪些陷阱

缺乏规划，为设计而设计

任职资格体系有利于业务流程的高效整合，涉及工作内容的变化乃至组织结构的调整。任职资格体系并非孤立存在，须与人力资源、企业管理机制进行对接。因此，任职资格体系设计单靠人力资源部无法独立完成，需从企业层面进行系统规划，统一思想，确定思路，调配资源，必要的时候建议引入咨询公司，提供外脑支持。

缺乏可操作性，标准偏颇

任职资格标准是为了做好现有工作，还是为了达成未来战略而建？答案是两者的折中。任职资格标准既应切合企业实际，又有一定前瞻性，保守或冒进都会带来巨大的困难。企业在构建任职资格标准时，经常犯三类错误。第一，盲目照搬大企业或行业领先企业的任职资格标准，没有根据自己的实际情况进行“二次开发”，任职资格标准脱离企业实际。在任职资格评定时，才发现大多数员工都无法达标，对上对下都无法解释，最后不了了之。第二，尽管未照搬他人经验，但因专业度欠缺，无法明确界定任职资格标准，尤其是能力行为的界定，往往非常笼统。第三，企业对岗位的理解缺乏前瞻性，仅看到做好现有工作所需的资质，多倾向于准入资格、知识技能和经验层面。员工评定时成绩普遍达标，出现天花板效应，无法有效区分员工能力，也面临不了了之的境遇。

缺乏支持和保障，未纳入大体系之中

任职资格自成体系，相对于企业管理大体系，它是其中的一分子。哲学家贝塔朗菲提出，任何系统都是一个有机的整体，它不是各个部分的机械组合或简单相加，系统的整体功能是各要素在孤立状态下所没有的性质。因此，企业须将任职资格体系纳入企业管理大体系中，解决其相互对接和支撑关系。具体而言，任职资格首先要与人才开发体系对接，涉及招聘选拔、培训教练、领导梯队建设等模块；其次任职资格体系要与绩效、薪酬、晋升等激励保障体系进行对接；最后任职资格体系要与业务流程、组织架构乃至战略规划对接。

11

人力资源如何设计职业生涯体系

▶▶ 场景导入：员工职业生涯规划表（见表 11-1）

表 11-1 员工职业生涯规划表摘要

姓名		部门		岗位	
现状及目标					
现在的职位：知识现状、技能现状					
目标：知识要求、技能要求					
差距：知识差距、技能差距					
需要的帮助：知识帮助、技能帮助					
自我评价					
爱好特长		工作能力			
性格与价值观		优缺点			
奋斗目标					
岗位目标		职位目标		努力成就	
行动方案					
工作规划		自修计划		企业协助	
主管意见					
人力资源部考察结果					
年份	知识现状	技能现状	沟通技巧	领导能力	需要改善部分
评价结果及调整意见					
人力资源部评语			人力资源部意见		

职业生涯体系是企业为了自身发展的需要，协助员工规划其职业发展的措施，包括为员工设计职位晋升通道，提供必要的测评、培训、轮岗、

晋升等发展机会。

员工职业生涯体系能有效促进企业人力资源的合理配置，一方面使人尽其才、才尽其用，另一方面能充分调动员工的积极性，激发员工强烈的服务精神。通过职业生涯等管理，提供员工施展才能的舞台，体现员工的自我价值，是留住人才、凝聚人才的根本保证，也是企业长盛不衰的保证。

员工职业生涯体系的本质基于个人价值实现。在操作时，必须调查和分析两个重要因素：一是企业价值基础，二是个人价值追求。员工都有自己的个性，以及不同的经历。职业生涯体系的建立，不只是协助个人达到目标，更重要的是个人与企业的同步发展，因此职业生涯规划必须兼顾个人的特点与企业的发展，这二者不可偏废。

职业生涯体系设计包含哪些方面

建立双重职业发展通道

传统的职业发展通道只有一条，那就是成为管理者，各序列的职业上升指向少数岗位，造成了晋升路径中的拥堵。双重职业发展通道能够解决这个问题。企业建立管理类和专业类的双重通道，通过专业领域的分流，疏导拥堵的管理通道。

另辟专业类职业发展通道主要有三方面原因：一是基于员工能力和个性的差异。不同的员工有不同的职业定位，很多业务尖子更想成为领域专家，而不是管理者。二是基于管理类和专业类岗位存在根本差异，其上升路径应给予明确梳理。三是企业发展不仅需要管理人员，更需要优秀的专业人员和资深专家。

如何建立双重职业发展通道？

首先，对现有岗位进行梳理，形成规范的双通道体系，横向上分管理通道和专业通道，纵向体现为不同级别，专业级别一般为 1～5 级，管理通道则为 3～5 级，如图 11-1 所示。不同通道之间可互换，每个员工至少拥有两条职业发展通道。技术突出的研发、销售、采购、财务、人力资源，如不愿成为管理者，可选择在专业通道发展，直至成为技术专家。其次，建立规范的任职资格体系，明确胜任岗位所需的资质、知识技能、能力行为等，同时确保任职资格的科学衡量。

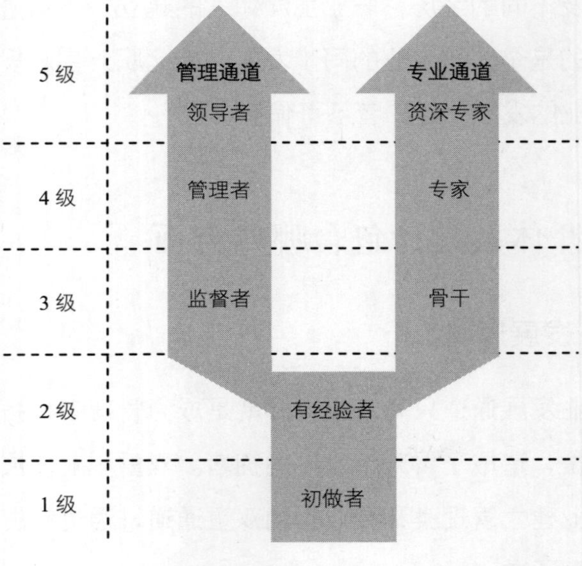

图 11-1　职业发展双通道

用测评工具识别员工优势与不足

职业目标要契合员工的性格、特长与兴趣。如果不契合，员工易产生焦虑和对抗心理，不仅无法发挥优势，反而带来更大的内耗。对于员工个人而言，关键在于所从事的工作是自己所擅长的。

心理测评工具可以快速地从多维度识别员工的优势与不足。

1. 个性特征

员工的先天性格倾向影响着员工的工作行为，是职业生涯规划必须考虑的因素。这方面的测评工具主要有 DISC、MBTI、九型人格、房树人等。测评结果可以准确地揭示员工是人际倾向还是事务导向，员工善于快速打开局面还是保守谨慎，员工善于计划还是灵活随意，等等。

2. 智力水平

美国心理学家雷蒙德·卡特尔提出流体智力的概念，是一种以生理为基础的认知能力，如知觉、记忆、运算速度、推理能力等。流体智力随年龄的老化而减退，对于一些特定岗位，如投资顾问、股票分析师、研发工程师等职位，有必要对知觉速度、记忆容量、数字能力和推理能力等因素进行测评。

3. 职业倾向

个体在学习及工作过程中，逐步形成自己的职业观和潜在发展倾向。诸如职业锚、霍兰德职业兴趣量表、事业驱策量表等工具，有助于揭示员工的职业动机。

系统筹划，纳入人力资源管理体系中

员工职业生涯规划要真正有效落地，必须对其进行系统筹划。

首先，职业生涯规划是人才开发与保留的关键环节，应将其纳入人力资源管理体系，与任职资格体系、领导梯队建设、人员培训、招聘选拔等模块有机挂钩，有效发挥协同效应。

其次，职业生涯规划绝不能仅仅停留在口头沟通和文件上，企业须完善激励、晋升、奖励等有效公平公正制度，强化企业的系统、公平、公正及有序的管理环境。激励体系的滞后，可能会抹杀职业生涯规划的努力，加速员工的流失。

设计职业生涯体系需注意哪些问题

正确认知职业生涯规划

许多企业在谈起人才开发与保留时，常会有这样的忧虑：把员工培养起来，但他们离职了怎么办？实际上，员工离职是由市场、行业、企业内部、员工个人多方面因素决定的，职业生涯体系只是起到挽留作用，而不是引入职业生涯体系便会杜绝员工流失。企业要抛弃这种患得患失的心态，鼓励员工寻求更适合自己的岗位，甚至其他企业。凭自身优势和进步潜力吸引员工，并尊重人才进出的自由。

投入必要的成本

许多管理者认为建立职业生涯体系就是建立制度，人力资源不应该也没有必要再花钱。实际上，建立职业生涯体系不是传统人力资源的工作。

首先，职业生涯体系是根据员工诉求及企业需要建立的，并在此基础上对企业管理进行优化。人力资源的视角及专业能力不能胜任此项工作，须进行自我提升或借助外脑才可完成。

其次，人力资源需通过专业的测评手段，对员工的优势和不足进行客观了解。上述两项工作至关重要，且需要一定的投入，企业需舍得花钱，通过成本投入提升体系专业度。

改变企业单方面推行职业生涯体系的现状

职业生涯体系多从企业利益最大化角度制定，在某种程度上说，是企业的一厢情愿。对于企业发展规划与个人职业生涯规划，必须寻求两者的共同点，求同存异，才能有效解决问题。除此之外，企业还应在企业管理中下功夫，如优化薪资结构，提高福利水平，增加员工培训，促进员工密切关系，建立良好的文化氛围，为员工提供一个科学、公平、公正的发展环境，使其有实现规划的空间和希望。

人才流失有哪些原因

个人——职业跳板

因个人原因离职的员工，大多是将该企业当作跳板，是为了获得工作经验，学习相关技术，一旦目的达到，他们就会选择待遇更高、发展空间更大的企业。这种情况常见于新人或刚毕业的大学生。

组织——企业管理出问题

从组织方面讲，原因在于企业管理出现问题：管理者素质不高、员工激励机制不健全、未能建立有效的评估体系、缺乏合理的薪酬结构、未能建立针对核心员工的长期职业发展规划等，导致企业核心员工尤其是高管跳槽。

老板——不放权

由于老板指手画脚，约束太多，事事要听老板使唤，样样要看老板脸色，导致职业经营管理者根本没有决策权和处置权，没有对自己员工的雇用、加薪、降职、解聘的权力。用一位做了半年执行总裁的朋友的话说，他在一家兄弟俩控股的生物医药制品公司，“在毫无安全感和成就感的情况下，如果不离去，自己就会变为失去职业经理本质的人”。

外界——优厚条件吸引

一般来讲，流失的优秀人才并没有转行，其中绝大部分加盟了企业的竞争对手，因为职位结构与要求极其相似。正因为如此，企业培养的优秀员工，如技术骨干或部门经理等，极易得到竞争对手的青睐。后者为吸引这些人才加盟，往往开出优厚的条件，这也是优秀员工离职的一个重要原因。

如何防止人才流失

在人力资源规划中，对组织结构、人员结构的预测分析，是解决上述问题的入口和核心。具体方法就是对人才进行结构化划分。

对于任何企业，人才都有其结构，不同的人处在不同的层次上，发挥着不同的作用。因此，不同层次人才的流失状况对企业的影响不一样。对人才流失的衡量，不仅要衡量人才流失的总体水平，而且还要从结构上衡量，这样才能对人才流失状况做出准确的判定。

在《人才管理手册》(*The Talent Management Handbook*) 一书中，将组织中的人员按其作用分为四类，统计分析确定他们在组织中所占的比重。第一类为超级员工 (Super Keeper)，占组织人员总数的 3%~5%；第二类为重要员工 (Keeper)，占组织人员总数的 20%~25%；第三类为基本员工 (Solid Citizen)，占组织人员总数的 70%左右；第四类为问题员工 (Misfit)，占组织人员总数的 5%左右。

这种划分大致符合帕累托曲线，也基本符合大多数组织中人才分布的状况。由于这四类人员发挥的作用不同，因此他们的流失状况对企业的影响不同。对企业人才流失状况衡量时，必须针对这几类人员分别进行。

超级员工与流失水平

超级员工对企业的竞争力影响极大，没有他们就不能成为优秀的组织，企业不能失去他们。因此，在衡量企业人才流失水平时，必须关注超级员工情况。如果超级员工的流失水平较高，意味着企业的实际流失水平远远高于测得的总体水平。

重点员工与流失水平

重要员工的绩效超过平均水平，他们能帮助其他员工提高绩效，是形成竞争力的重要部分。因此，在衡量企业人才流失水平时，也要特别重视这部分人员的情况。如果重要员工的流失水平相对较高，意味着企业的实际流失水平在一定程度上高于测得的总体水平。

基本员工与流失水平

基本员工能达到企业所要求的绩效水平。基本员工的流失水平通常与企业的总体流失水平相同。也就是说，基本员工流失水平的高低与测得的总体水平相差不大。

问题员工与流失水平

问题员工的绩效低于组织要求的水平，对组织的竞争力具有负面的影响，是组织希望其离开的人。因此，如果问题员工的流失水平相对较高，意味着企业的实际流失水平低于测得的总体水平。

12

如何进行人力资源规划

▶▶ 场景导入：某商业银行人力资源管理体系的建立

某商业银行青岛分行于2006年3月正式营业，经过两年的高速发展，该分行已经具有一定规模，取得了较好的成绩，但在运行过程中也出现了一些问题：人力资源管理体系不够健全，管理制度较粗，不能适应银行发展的需要；员工对薪酬的抱怨较多，觉得薪酬没有体现公平性，激励性也不强；缺乏科学的绩效管理体系来体现员工绩效，而管理人员又缺乏有效的绩效管理工具来进行管理。在这种情况下，分行领导为了银行能够健康发展，希望通过完善内部管理体系来更好地激励员工，提高员工绩效。虽然问题很多，但首先需要正本清源，按照银行的发展战略，进行人力资源的盘点，继而进行人力资源规划，构建未来三年的人力资源发展策略，这是银行工作的重中之重。

企业要生存和发展，拥有合格、高效的人员结构，就必须进行人力资源规划。

在所有的管理职能中，人力资源规划最具战略性和主动性。科学技术瞬息万变，而竞争环境也变幻莫测，这不仅使人力资源预测变得困难，也更加紧迫。人力资源管理部门必须对人力资源供给和需求做出预测，以保证在需要时及时获得各种人才。

人力资源规划的思路是什么

人力资源规划制定的总体方法，简单来说，就是对企业战略目标、经营计划做分析，比较人力资源现状与企业目标要求，寻找差距，这种差距表现在量、质、结构等方面。人力资源规划制定的整体思路如图 12-1 所示。

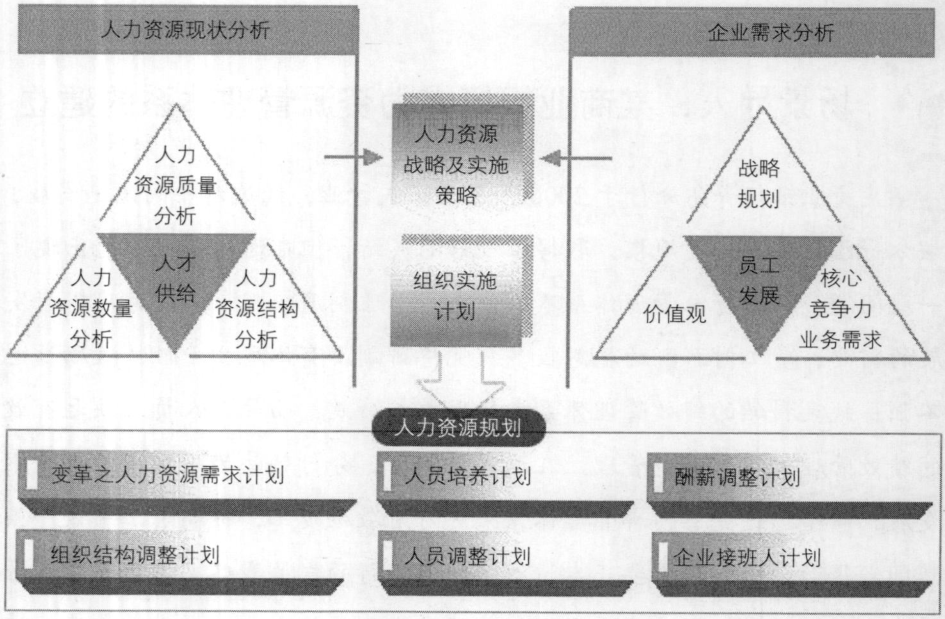

图 12-1　人力资源规划制定的整体思路

需要说明的是，通过现状和未来发展要求的对比，找到差距，最后提出人力资源的解决方案，即人力资源规划，主要包括以下内容：

- 变革之人力资源需求计划（人力资源管理体系提升计划/年度招聘计划）；
- 人员培养计划；
- 年度培训计划；
- 组织结构调整计划；
- 人员调整计划；
- 岗位设置调整计划；
- 企业接班人计划；
- 薪酬调整计划；
- 绩效调整计划；

- 人员储备计划；
- 人才梯队建设计划；
- 人员流动预警及应对措施；
- 退休解聘分析；

……

如何进行人力资源盘点

人力资源盘点主要回答三个问题，一是数量，即人员数量；二是结构，有怎样的岗位；三是能力。总体来说，人力资源盘点是对现有的人力资本进行评估、识别，确保企业在发展中有合适的人力支撑，是人员与岗位、能力之间的有机匹配。

盘点需知的四项内容

全面掌握企业人力资源现状，依据盘点工作侧重点的不同，可以将人力资源盘点分为人事信息盘点、人力资源能力盘点、人力资源政策盘点、人力资源心理状态盘点。

1. 人事信息盘点

人事信息盘点是基础工作。按照部门和职位对任职者的年龄、性别、教育程度、工作年限等因素进行统计，进行职位结构分析、年龄结构分析、人力资源数量分析、教育程度与人力资源成本分析等，并用表格、图表的形式表示出来。

对人事信息进行盘点，不仅是对这些变量进行记录，还要探索它们与晋升、离职率等的关系。比如，考察员工在不同年龄阶段绩效和离职率的分布特征，受教育程度与离职率之间的关系等，为进行科学的人力资源规划提供参考。

2. 人力资源能力盘点

人事信息盘点主要是对员工年龄、学历、职称、专业等信息的统计分析，有助于直观认识企业人力资源的结构，但并不能完全反映企业人力资源现状。人力资源能力是衡量企业人力资源实力的指标，因此业务能力分析、人际关系能力分析、成就能力分析等，比学历、职称盘点更重要。

要建立追踪员工能力现状及其发展性的管理系统，制作人力资源能力分析表（部门—专业维度、职位—专业维度），并将技术与能力盘点和招募、培训、晋升等相结合。需要注意的是，技术与能力盘点不是一次性的解决方案，而是持续的过程，要及时更新，才更符合企业发展的需求。

3. 人力资源政策盘点

对企业现有人力资源管理政策进行梳理，判断政策的系统性和有效性，分析是否有助于现有人力资源的保留和开发，是否能够支持组织战略目标的实现。依据组织发展战略，对现有人力资源政策进行修正。

4. 人力资源心理状态盘点

一些企业在进行人力资源盘点时，只关注员工人事及能力信息系统的建立，而忽略了心理状态的记录与分析。实际上，个性测试、心理测验是人力资源盘点的一项重要内容。对员工的行为进行预测，不但有利于做好人力资源规划工作，也可为组织制定政策、管理措施提供参考。企业应逐步建立员工心理档案系统，用科学的手段了解企业员工的个性特征、行为偏好等情况（例如，对员工进行职业人格类型测验、职业能力倾向测验等），通过研究员工个性与离职率，以及其他管理因素之间的相互关系，制定合理的人力资源规划。

盘点用到的四种方法

根据需要，可以采用文献查阅法、问卷调查法、潜能测评法、绩效调查法、访谈法、观察法等不同的方法。此处简要介绍四种。

1. 文献查阅法

查阅企业整体战略规划数据、企业组织结构数据、财务预算数据、各部门年度规划数据等相关资料。由人力资源规划专职人员负责整理企业人力资源政策、薪酬福利、培训开发、绩效考核、人力资源变动等数据资料，提炼和盘点有关的数据信息并整理编报。

编报表格便于清晰地了解员工的职级、职位、学历、经验、薪酬福利待遇等，通过 SPSS（统计产品与服务解决方案软件）进行组合统计，深入分析某个维度的员工群体可能存在的问题，以及对企业造成的影响。

2. 问卷调查法

人力资源部根据企业经营计划和目标，以及人力资源盘点工作进度计划，下发相关调查问卷，在限定工作日内由各部门填写后收回。各部门根据业务需要和实际情况，及时、全面地提供信息数据。

调查问卷主要是通过各部门的反馈，反映对人力资源的需求，如人员数量、质量等。人力资源部根据这些需求，制订和调整相关的招聘、培训等计划，以满足业务需求。

3. 潜能测评法

潜能测评法关注的是员工的个性和能力特征。个性和能力是影响绩效的重要因素。进行潜能测评的主要工具有结构化面谈、心理测验和情景测验等。

4．绩效调查法

进行绩效调查，除了能分析人才的综合能力，还能发现绩效不佳背后的根源，为改进人力资源政策提供一手资料。进行绩效调查，不仅要查阅员工的绩效档案，还要对其上级主管进行访谈。此外，还可以运用 360 度反馈技术，征询同事或客户的反馈，获得大量有价值的信息。

人力资源盘点不是一劳永逸的工作，要依据组织发展定期进行，这就要求有完善的制度做保障，如工作日志制度、完善的档案管理制度（员工绩效考核档案、培训档案、人力资源流动统计档案）等。作为人力资源管理系统的重要组成部分，人力资源盘点要与其他人力资源管理模块相结合。此外，还要考虑外部及内部因素的影响，了解国内外经济社会环境的发展趋势、人口结构的变化、科学技术的进步、同业竞争状况等，进行科学的分析与判断。

盘点的五大步骤

从实际操作来看，人力资源盘点通常有两种方案，一是由企业内部人员负责盘点，二是由外部咨询机构负责盘点。这里重点介绍企业内部人员组织盘点工作的必要步骤。

1．成立工作小组

人力资源盘点工作小组由总经理和各部门主管、人力资源规划专职人员组成，总经理担任组长，人力资源部经理担任执行副组长。在进行盘点工作之前，对全体员工进行动员，说明人力资源盘点工作的意义和重要性，要求各部门员工积极配合，客观、翔实地提供相关数据资料。

2．制订计划

人力资源盘点是一项比较耗时的工作，所以必须做好进度计划，保证人力资源盘点工作及时、顺利地进行。要树立预算管理意识，做好人力资源盘点预算，在保证工作质量的前提下，低成本、高效率地完成人力资源盘点工作。

3. 收集、整理资料信息

在进行正式盘点前，必须全面收集、整理相关资料信息，力求全面认识人力资源现状。资料信息可以通过查阅现有的资料、发放调查问卷、访谈等途径获得。

4. 统计分析相关资料

人力资源部对收集的资料进行分析，并将获取的数据整理为 Excel 数据、图表等，直观、清晰地描述组织人力资源状况。

5. 撰写分析报告

在收集、整理所有资料之后，安排专职人员对数据进行统计分析，制作人力资源环境描述统计分析报告，由企业审核小组完成报告的审核工作，并报请企业总裁审核批准。

作为人力资源供给、需求预测的基础，人力资源环境描述统计分析报告应该根据需要，分别采用表格数据、趋势线数据、数据结构图、分类数据等辅助说明，同时要对相关的数据资料或图表进行解释。

盘点时需系统考虑的五大要素

1. 企业所处阶段

按发展阶段，企业可分为成长型、成熟型、困境型三类，需要采取不同的盘点方法。

第一，成长型企业。

关注战略：关注企业下一步要做什么，不能只看当下。

关注重点项目：关注企业有哪些重点项目，每个项目需要多少人，因为员工的安排要落实到具体项目或岗位上。

关注产品：关注企业是否有重大产品开发项目，了解其业务模式，因为其中蕴含着大量人员需求。

关注市场：在盘点中应多关注市场，不可过分冒进，招聘需谨慎。

另外，对于成长型民营企业来说，还应注意以下几点：第一，成长型民营企业波动大，往往老板一人说了算，难免会出现老板冲动的情况，因此人力资源需要关注业务情况；第二，特别关注企业的支付能力，人力资源要确认企业需要什么人员，以及财务状况，要将人力资源盘点落到企业预算中。

第二，成熟型企业。

关注预算：成熟型企业，特别是上市企业，人工成本预算非常严格，因此需要关注。

关注人工成本：计算人工成本，包括计算每年固定工资上涨比例。

关注政策：关注企业有关人力资源方面的政策。

成熟型企业在人才需求上必须是准确的。一般来说，成熟型企业比较有章法，主要按照战略推算需要多少人，其经常面临的问题是部门需要人才，人力资源却没办法解决。对此，人力资源可以通过定量研究给出理由，说服部门不要增加人员。比如，可将裁员的责任交给部门经理，这样部门经理就不敢随便增加人员。

第三，困境型企业。

关注现金预算：困境型企业首先要与财务互动，确定财务部门能给出的预算。企业如果没有资金解决员工的薪酬问题，容易造成人心浮动。

关注支付能力：根据支付能力判断企业所能留下的员工，而不是根据业务需要安排员工。

关注市场：部分企业处于短期困境，经过短期困境后就能快速成长，因此需关注市场变动。在进行人力资源盘点时，出色的人力资源不仅能为老板指明需留下员工的数量，还能指出需保留员工的类别与能力要求。

2. 战略导向原则

战略导向原则也称经营导向原则，指的是企业未来做什么和怎么做。进行人力资源盘点、培训和人力资源规划要适度超前，不能只看当下。企业如果在需要人才时才让人力资源部招聘人，很多岗位尤其是一些稀缺岗位，往往很难在短期内找到合适的人才。因此，进行人力资源盘点时，要基于企业未来发展，要有规划，不能凭空想象。

另外，需要注意的是，作为人力资源管理人员，要明确自己的配角地位，不能过分强势和主导他人。

战略导向原则关注两个角度：一是岗位变化及数量变化，即结构的变化。岗位变化主要表现在岗位新增和减少两方面。基于岗位角度进行人力资源盘点时，不但要清楚企业会出现哪些新增和消失的岗位，还要清楚岗位的数量以及每个岗位的人数。二是能力变化，人力资源需对企业现状进行盘点，如运营制造业企业和运营互联网企业所需要的能力是不一样的。

除了战略对人力资源盘点产生影响，企业队伍及人力资源发展还有以下几个驱动因素。

- 业务驱动：企业新业务会产生新岗位。
- 市场驱动：客户需求发生变化，企业要适应客户的变化，产生新的岗位。
- 技术驱动：比如，苏宁易购因为互联网的引进产生大批新岗位。
- 运营驱动：在企业经营中，经常会出现各部门抱怨缺人的情况，可见运营驱动也会产生人员变化。例如，中国移动呼叫中心面临的最大挑战不是招聘问题，而是裁员问题。

- 竞争对手驱动：企业间为了进行市场竞争产生新岗位，如专门做政府关系的岗位、大客户岗位等。

3. 业务类型

不同企业的业务类型差异很大，需要弄清楚企业的业务类型，采用不同的规划方式。一般来说，企业的业务类型主要有两种，即项目型和流程型。

第一，项目型。

项目型企业包括建筑企业、系统集成企业，以及有研发人员和现场项目实施人员的企业。项目型企业做人力资源盘点的原则，即必须确定项目计划，并把项目计划细化到节点。因为项目用人都是阶段性的，所以必须计算出人力资源成本，即项目需要的人员。总之，对项目型企业而言，梳理清楚项目计划，做好人力资源工作，对改进企业管理有很大帮助。

第二，流程型。

相较项目型企业而言，流程型企业的人力资源盘点比较容易，可采取的工具有配置标准、人均产值、人均利润、工作分析。其中工作分析是常用的工具。企业若没有经验，可以找同行业标杆进行参考。如果人力资源部不了解相关信息，则需要与业务部门一起完成，可通过人工预算的方式，利用人均产值、人均利润进行衡量，避免其他部门多招聘员工。

4. 定性定量

最终结果一定要有数量的概念，要有预算，因此需要进行定量分析。但仅有定量也会出问题，因为从需求到员工到位有一个过程。根据不同人才的不同稀缺程度，招聘所需要的时间是不同的，并且即使员工到位，也需要时间进行磨合，熟悉企业要求，这就要求人力资源要适度超前完成工作，更多的是通过定性来完成。

5. 上下互动

具备“自上而下”和“自下而上”两个互动过程。如果不进行“自下而上”互动，容易导致员工与企业的发展方向偏离，人力资源对预算成本没有概念。如果只有“自下而上”互动，会出现两大问题，一是各部门基于需要扩充人员，导致人员膨胀；二是造成其他部门领导成本的意识不强。因此两者必须相结合。

自下而上需要注意以下三方面。

提供模板：业务部门在这方面不专业，需要为其提供模板。

人员需求预测：需要各部门提出人员需求预测，并要求其写出依据。

人工成本初步计算：要求各部门进行人工成本初步计算，避免各部门随意增加员工。

自上而下需要注意以下两方面。

基于战略：在自上而下的互动中，要基于战略来确定企业人力资源预算。

基于人才外部市场：在进行人力资源盘点时，要对外部市场有初步了解，若外部市场招人困难，则应提前向老板说明。

如何做人力资源预测

人力资源预测的整体思路简单来说，就是通过分析企业未来的战略目标，从而深入分析其实现条件，重点关注对人力资源的需求与要求。

人力资源预测是什么

人力资源预测是指对未来环境的分析，是指在企业的评估和预言的基础上，对未来一定时期内人力资源状况的假设。人力资源预测可分为需求预测和供给预测。

人力资源预测是建立在企业人力资源现状、市场人力资源环境等基础之上的，所以在企业进行人力资源预测时，要注意分析以下问题。

1. 外部关注点

- 人力资源政策在稳定员工上所发挥的作用。
- 市场上人力资源的供求状况和发展趋势。
- 国内外社会环境的发展趋势、科技进步的程度。
- 同业竞争状况、同业发展趋势。
- 本行业人力资源需求趋势、供给趋势。
- 同业企业（标杆企业）的人力资源政策。
- 本地同业企业的人力资源状况。

2. 内部关注点

- 企业的组织结构、经营目标、策略及计划。
- 企业内部的变革（如工作的重新设计安排：升迁、调动、改组、训练、外包等）。
- 人力成本。
- 企业员工的职业发展规划状况。
- 企业员工能力提升需求。
- 企业人员流动率及原因。
- 企业员工的工作满意度状况。

人力资源预测使用的八种方法

对人力资源需求进行预测的方法有很多，概括起来有定性和定量方法两大类。定性方法是预测人员运用自身的智慧、经验和直觉进行预测和判断，定量方法是运用数学模型进行预测和判断。需要指出的是，在预测过程中，不可能只用某一种方法，而应当将多种方法结合起来使用，这样预测的结果才会比较准确。

1. 定性预测——管理人员判断法

这是最为简单的一种方法。在实际操作中，一般各个部门的负责人，根据本部门未来一定时期内工作量的情况，预测本部门的人力资源需求，然后再汇总到领导层进行平衡，以确定企业最终的需求。

这种方法主要凭借经验来进行，主要用于短期的预测，并且适用于那些规模较小或者经营环境稳定、人员流动不大的企业。在使用这种方法时，要求管理人员有丰富的经验，这样预测的结果才会比较准确。除了预测的准确性较低以外，该方法还存在一个问题，那就是会出现“帕金森定律”所指出的现象——部门负责人会扩大本部门人力资源需求，这个问题需要最高领导层进行控制。

2. 定性预测——德尔菲法

该方法邀请专家或有经验的管理人员，对某一问题进行预测，并达成一致意见，有时也称为专家预测法。

在实施德尔菲法时，第一整理相关的背景资料，设计调查问卷，明确列出需要专家们回答的问题。第二将背景资料和调查问卷发给专家，由专家对这些问题进行判断和预测，并说明自己的理由。第三由中间人回收调查问卷，统计汇总专家们预测的结果和意见，将这些结果和意见反馈给专家们，进行第二轮预测。第四由中间人回收调查问卷，对第二轮预测的结果和意见进行统计汇总，接着进行下一轮预测。第五经过多轮预测后，当专家们的意见基本一致时就可以结束调查，将预测的结果用文字或图形加以表述。

3．定性预测——经验预测法

不同管理者的预测可能有所偏差，可通过多人综合预测或查阅历史记录等方法提高预测的准确度。具体的方法是，根据企业的生产经营计划、劳动定额，或者每个人的生产能力、销售能力、管理能力等进行预测。要注意的是，经验预测法只适合一定时期内，企业的发展状况没有发生方向性变化的情况。

例如，一个企业根据以往的经验，认为生产车间的管理人员，如一个班组长或工头管理 15 人比较好。根据这一经验，该企业就可以根据生产工人的增减数来预测班组长或工头一级管理人员的需求。需要特别说明的是，不同人的经验会有差别，不同的新员工能力也有差别，特别是管理人员、销售人员，在能力和绩效上的差别更大。因此企业在采用这种方法预测时，一方面要注意经验的积累，包括保留历史档案、采用多人的经验，从而提高预测的准确度；另一方面，该方法应用于不同的对象时，预测结果的准确度也会不同。对可准确测度工作量的岗位，预测的准确性较高；对难以准确测度工作量的岗位，预测的准确性较低。总之，该方法应用起来并不复杂，适用于技术较稳定的企业的中短期人力资源预测。

4．定量预测——回归分析法

该方法是从统计学中借鉴过来的。由于需求总是受到某些因素的影响，回归分析法的基本思路是要找出那些与需求关系密切的因素，并依据过去的资料确定它们之间的数量关系，建立一个回归方程，来预测未来的人力资源需求。使用回归分析法的关键是要找出高度相关的变量，这样预测效果才会比较好。

5．定量预测——模型法

模型法是通过数学模型对真实情况进行实验的一种方法。首先要根据企业自身和其他同行业企业的相关历史数据，通过数据分析建立数学模型，确定销售额增长率和人员数量增长率之间的关系，才可以通过计划销售额增长率来预测人员数量的增长情况。模型法适合大中型企业的长期或中期人力资源预测。

6．定量预测——定员法

定员法适用于大型企业和历史久远的传统企业。这类企业的技术更新比较缓慢，企业发展思路非常稳定，职务和人员编制也相对确定。企业的人力资源预测可以根据企业人力资源现状，来推算未来的人力资源状况。在实际应用中，有设备定员法、岗位定员法、比例定员法和效率定员法等几种方式。

7．定量预测——现状规划法

现状规划法是假定当前的职务设置和人员配置是恰当的，并且没有职务空缺，不存在人员总数的扩充，人员的需求完全取决于人员的退休、离职等。所以，人力资源预测就相当于对人员退休、离职等情况的预测。人员的退休可以准确预测；人员的离职，包括人员的辞职、辞退、重病（无法工作）等情况，是无法准确预测的。通过对历史资料的统计和比例分析，可以更为准确地预测离职的人数。现状规划法适合短期预测，特别是在统计公务员、事业单位的人员编制时，采用此类方法操作。

8．定量预测——自下而上法

自下而上法顾名思义，就是从企业的底层逐步进行预测的方法。具体方法是，先确定企业最底层的人员预测，然后将各个部门的预测向上汇总，最后定出企业人力资源总体预测。组织结构最底层的员工，很难把握企业的发展战略，无法做出中长期预测，所以这种方法适合短期预测。

人力资源供给预测的两种方法

1. 管理人员替换图法

这种方法是对现有管理人员的状况做出评价，然后对他们晋升或者调动的可能性做出判断，以此来预测企业潜在的内部供给。这样当某一职位出现空缺时，就可以及时补充。

这种方法是通过管理人员替换图来预测的。管理人员替换图记录的是，管理人员的工作绩效和潜力，计划中所有接替人员的绩效和潜力，其他重要职位上的现职人员的绩效、潜力及评定意见，由此确定哪些人员可以补充重要职位空缺。具体操作流程如下。

- 确定人力资源规划涉及的工作职能范围。
- 确定每个管理职位上的接替人选，所有可能的接替人选都应该考虑到。
- 评价接替人选的工作绩效及晋升潜力等，判断其目前的工作情况是否达到提升要求。
- 了解他本人的职业发展需要，引导其将个人的职业目标与组织目标相结合。

如图 12-2 所示，A 表示现在就可以提拔；B 表示还需要一定的培训；C 表示现任职位不合适。对其工作绩效的评估在此分为四个等级："1" 表示绩效突出；"2" 表示优秀；"3" 表示一般；"4" 表示较差。这种方法既使企业明了内部管理人员的情况，又体现出组织对管理人员职业发展的关注。如果出现人员不能适应现职，或缺乏后备管理人员，则企业应尽早进行储备工作。所以，一些组织很重视管理人员替换图法，把它看作员工职业生涯规划的重要工具。

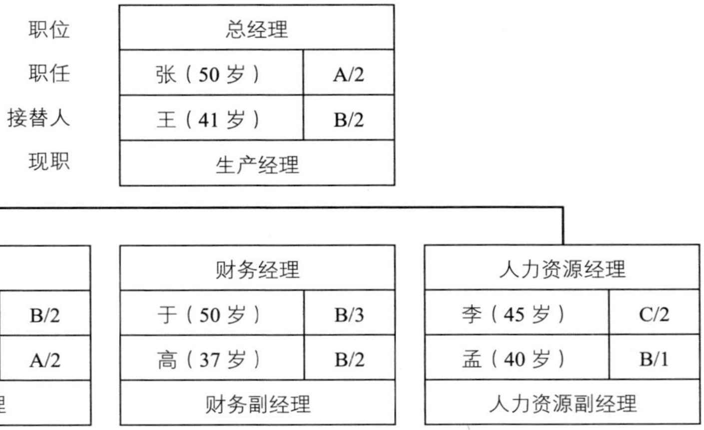

图 12-2　管理人员替换图法

2．马尔可夫法

马尔可夫法又称转移矩阵方法，是用来预测具有时间间隔（如一年）的时间点上各类人员的分布状况。该方法的基本思想是：找出组织过去人事变动的规律，以此推测未来组织的人员状况。该方法假定，在某一特定的时间段内，从一种状态转移到另一种状态的人数比例与以前的比例相同，这个比例称为转移率，以该时间段的起始时刻状态总人数的百分值来表示。马尔可夫法可以与其他预测方法一起使用，组织可根据最后得出的供求状况，及时制订规划方案。

以一个会计公司的人事变动为例，分析的第一步是制作表 12-1，表中的每个元素表示从一个时期到另一个时期在两个工作之间员工的流动数量的历年平均百分比（以小数表示），即一种工作的员工流动概率，一般以 5～10 年的长度为一个周期。周期越长，百分比的准确性就越高，根据过去员工流动所推测的未来员工流动情况就越准确。

表 12-1　员工流动概率矩阵

某公司各类员工流动概率矩阵

职位层次	人员调动概率				
	H	G	D	W	离　职
高层领导（H）	0.80				0.20
基层领导（G）	0.10	0.70			0.20
高级会计师（D）		0.05	0.80	0.05	0.10
会计员（W）			0.15	0.65	0.20

表 12-1 数据表明，在任何一年里，平均 80%的高层领导仍留在公司内，而有 20%的高层领导离职；约有 65%的会计员仍留在原工作岗位上，15%被提升为高级会计师，另有 20%离职。用这些历年数据来代表每种工作中员工流动的概率，就可以推算出未来的员工流动（供给量）情况。将计划初期每种工作的员工数量与每种工作的员工流动概率相乘，然后纵向相加，即得到组织内部未来劳动力的净供给量（见表 12-2）。

表 12-2　人力资源供给矩阵

计划期组织内部人力资源供给矩阵

职位层次	初期人员数量	H	G	D	W	离　职
高层领导（H）	40	32				8
基层领导（G）	80	8	56			16
高级会计师（D）	120		6	96	6	12
会计员（W）	160			24	104	32
预计的人员供应量		40	62	120	110	68

如果下一年与上一年相同，可以预计下一年将有同样数量的高层领导（40 人），以及同样数目的高级会计师（120 人），但基层领导将减少 18 人，会计员将减少 50 人。这些人员流动的数据，与正常的人员扩大、缩减或维持不变的计划相结合，就可以决策怎样使预计的劳动力供给与需求相匹配。

使用马尔可夫法的关键是要确定人员转移率表，而在实际预测时，由于受各种因素的影响，人员转移率是很难准确确定的。

马尔可夫法是一种应用广泛的方法，可用计算机进行大规模处理，因而具有相当的发展前景。

人力资源需求和供给预测

1. 人力资源需求预测步骤

人力资源需求预测分为现实人力资源需求预测、未来人力资源需求预测和未来流失人力资源需求预测三部分。具体步骤如下：

- 根据岗位分析的结果，来确定岗位编制和人员配置。
- 进行人力资源盘点，统计出人员的缺编、超编及是否符合任职资格要求。
- 将上述统计结论与部门管理者进行讨论，修正统计结论（该统计结论为现实人力资源需求）。
- 根据企业发展规划，确定各部门的工作量。
- 根据工作量的增长情况，确定企业组织结构是否有所变动，各部门还需增加、减少、调整的岗位与人数，明确员工未来提升方向，并进行汇总统计分析（该统计结论为未来人力资源需求）。
- 对预测期内退休的人员进行统计。
- 根据历史数据，对未来可能发生的离职情况进行预测。
- 统计退休人员和未来可能离职的人员，与预测结果进行汇总，得出未来流失人力资源需求。
- 将现实人力资源需求、未来人力资源需求和未来流失人力资源需求汇总，得到企业整体人力资源需求预测。

2. 人力资源供给预测步骤

- 进行人力资源盘点，了解企业员工现状。
- 分析企业的岗位调整政策和历史员工调整数据，统计出员工调整的比例。
- 向各部门的人事决策人了解可能出现的人事调整情况。
- 汇总员工调整比例、人事调整情况，得出企业内部人力资源供给预测。
- 分析影响外部人力资源供给的地域性因素，包括企业所在地的人力资源整体现状，企业所在地的有效人力资源的供求现状，企业所在地对人才的吸引程度，企业薪酬对所在地人才的吸引程度，企业能够提供的各种福利对当地人才的吸引程度，企业本身对人才的吸引程度。
- 分析影响外部人力资源供给的全国性因素，包括全国相关专业的大学生毕业人数及分配情况，国家在就业方面的法规和政策，该行业全国范围的人才供需状况，全国范围从业人员的薪酬水平和差异。
- 根据上述第 5 和 6 项的分析，得出企业外部人力资源供给预测。
- 将企业内部人力资源供给预测和企业外部人力资源供给预测汇总，得出企业人力资源供给预测。

人力资源规划 10 个工具表单（见表 12-3 至表 12-12）

表 12-3 企业战略规划梳理表

重点工作	主要环节及内容	2017 年	2018 年	2019 年	2020 年	……

表 12-4　关键人才分析表

重点工作	主要环节及内容	2017 年关键岗位名称	2017 年关键岗位主要职责及能力	2018 年关键岗位名称	2018 年关键岗位主要职责及能力	……

表 12-5　关键人员储备分析表

重点工作	主要环节及内容	2015 年关键岗位需求数	2015 年关键岗位储备数	2016 年关键岗位需求数	2016 年关键岗位储备数	……

表 12-6　人员需求定量预测

2019 年主要业务模块	业务运营模式	目标分解部门/岗位	人员数量需求	现有岗位编制	当年应招数量	能力要求	……

表 12-7　人员需求定性预测

重点工作	主要环节及内容	工作目标	责任部门	责任岗位	人员数量需求	现有岗位编制	当年应招数量	能力要求	……

表 12-8　人力资源需求总表

所属部门	2017 年	2018 年	2019 年	2020 年	2021 年	……
合计						

表 12-9　年度人员招聘计划表

部　门	2018 年实际数	2019 年需求数	2019 年招聘数
合计			

表 12-10　企业整体能力提升分析表

人员类别	战略阶段一		战略阶段二	
	能力提升方向	关键能力	能力提升方向	关键能力

表 12-11　企业年度能力提升统一规划表

培训主题	人员类别	培训内容	培训方式	培训周期

表 12-12　企业年度人员能力提升及培训计划

人员类别	培训内容	培训目的	培训方式	培训周期	时间安排

13

如何培养后备人才

▶▶ 场景导入："接班人"的重要性

跨国公司 M 曾经制订了一个"全球百人计划"，中国有四五人进入了该计划。其中一个技术专家是王骏，当时他是M公司企业大学质量控制部门的经理。

他跟当时的校长卢克先生，一个马来西亚人，就工作中的问题产生冲突。产生冲突以后，因为他是内定的接班人，所以他的离职不仅需要中国区人力资源批准，而且必须全球总部批准才可以。全球总部人力资源进行了调查，并与他进行深入沟通，期望他留在公司继续服务。王骏感受到公司的诚意，同意留下来。随后一段时间，他的上级与他又产生了矛盾，王骏屡次和上级沟通，感觉无法继续一起工作，再次申请离职。总部再次进行调查后，认为王骏对公司未来的价值大于他的上级，能够成为中国公司未来的领导人，于是做了一个决定，让他的上级离职。接班人计划不仅包含骨干，而且包含对公司未来有支撑作用、有潜力的公司未来领导人。

什么时候应该培养后备人才

后备人才是为某些岗位储备的后备人选，往往具备发展潜力，通过一段时间的培养能胜任目标岗位。研究表明，当中高端人才引进比例超过 30% 时，企业文化就会受到冲击，员工离职等问题会比较严重，因此企业应该把内部人才培养作为一项战略任务。

企业要进入规模扩张

当企业规模急需扩张时，往往需要大批人才，带领企业跨入新的阶段。

那么企业需要未雨绸缪，在规模扩张之前，选拔出具有潜力的人才，而不至于到时出现人才匮乏的局面。

管理能力制约企业发展

目前，管理人员的能力普遍不足，已经严重制约企业发展，但也不能全部依靠外部招聘，毕竟外聘的员工对企业文化和业务缺乏了解，而且要为内部员工发展创造机会，形成积极向上的文化氛围。因此需要选拔后备人才进行培养，充实管理团队。

企业转型或内部组织调整

企业面临转型或内部组织调整时，需要有能胜任新岗位的人选，在此之前，应选拔出有潜力胜任新岗位的人选进行培养。

关键岗位很难从外部招聘

某些关键岗位很难从外部招聘到合适的人选，一旦该岗位人员离职，便会严重影响企业业务。因此企业对某些关键岗位，要提前做好接班人培养的准备。

如何选拔与识别后备人才

一般情况下，后备人才的数量应根据企业战略、部门情况确定。对于每个后备岗位，一般应储备 1 ~ 3 名后备人员，并注意保持一定的性别比例。

后备人才选拔对象和标准

对于重点培养对象，传统的标准可分为三类：高资历、高能力、高绩效。不管是论资排辈，还是依据当前岗位能力，或者根据任务完成情况来确定，这些标准都存在缺失。因为高资历不等于高能力，高能力不等于高潜力，高绩效不等于高匹配，只有兼顾了资历、能力、绩效及发展潜力等要素才能够选对人。

1. 看资历

原则上，后备人才从下一级员工中选择，如经理层级的后备人员，从副经理中选择；副经理层级的后备人员，从主管中选择。同时，根据任职要求与预计培养时间，确定后备人才的年龄、学历、工作年限、工作经历，以及职业资格和身体状况等基本要求。

2. 评能力

能胜任目前的岗位，不一定胜任目标岗位，能力素质考评能够反映候选人的潜力。不同岗位对能力素质要求不同，要求企业先构建目标岗位的胜任力模型，以此作为能力素质考评标准。

3. 论绩效

工作绩效代表了候选人的成绩，是现有业务能力的客观证明。评价、考核绩效的指标可从工作效率（包括组织效率、管理效率、机械效率）、工作任务（包括工作数量、工作质量）、工作效益（包括社会效益、经济效益、时间效益）等方面去衡量。

后备人才选拔流程

后备人才选拔，通常的步骤是，先确定并公布资历要求，然后可采取自荐、民主推荐或领导提名等方式报名，选拔小组对报名人员审核，初步确定选拔对象，结合工作绩效和能力素质考评情况，最后确定人选。选择后备人才时，应优先选择绩效高、潜力大的人，其次是绩效高、潜力中或绩效中、潜力大的人，具体选拔流程和选择顺序如图 13-1 所示。

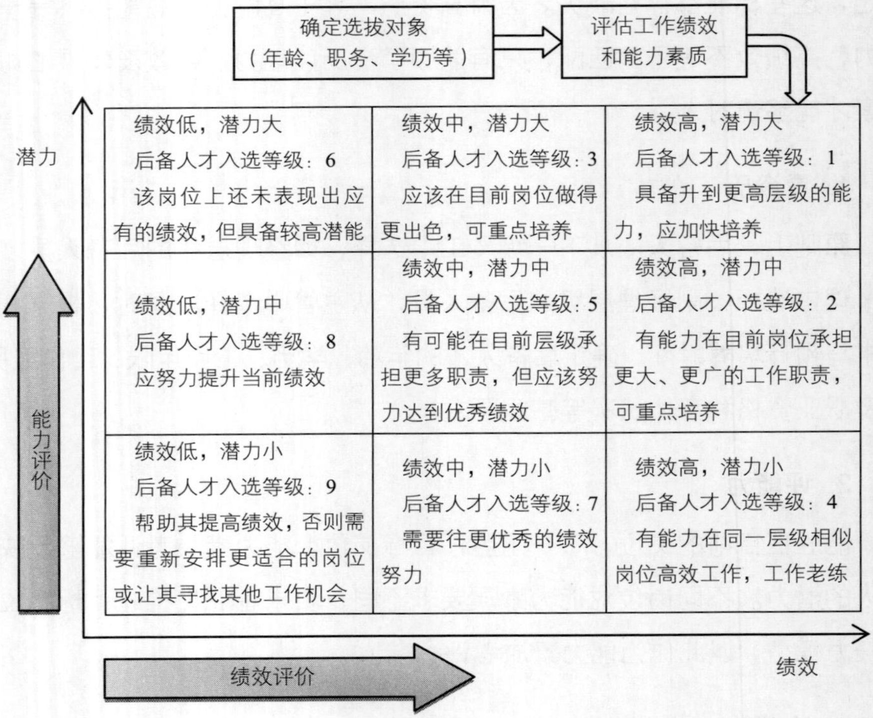

图 13-1　后备人才选拔流程和选择顺序

如何评估候选人能力素质

对候选人能力素质的考评，人力资源部可自行组织公开竞聘，也可邀请专业公司进行评价。无论谁主持评价，都应坚持公开、公平、公正的原则。对能力素质的考评，常用测评方法有心理测验、公文筐测验、半结构化面试、无领导小组讨论、案例分析法、角色扮演法、360 度评价等。具体选择哪些测评方法，要根据考察的能力素质维度等因素确定。

心理测验

心理测验（Psychological Test），是根据心理学原理，对人的认知、情感、行为等做出推论，进行量化分析。常用的心理测验工具有职业性格测验、管理潜质测验、智力测验、胜任力测验等。

公文筐测验

公文筐测验（In-Basket Test），又称文件筐测验，是让候选人处于某模拟组织环境中从事某岗位的工作，并向其提供该岗位经常要处理的文件，要求他们在一定时间内，以口头或书面形式给予处理意见。通常，这个模拟组织环境中的岗位最好与目标岗位情况相当，要处理的文件也是目标岗位常处理的，文件数量通常是 5～10 个，文件来源包括上级、平级、下级、外部单位等，最后还可安排候选人向评委总结汇报、补充说明其中涉及的问题和解决思路。公文筐测验可考察候选人的书面表达与理解能力、计划能力、组织协调能力、问题解决能力、信息收集与利用能力、判断决策能力、授权能力、指导控制能力等。

半结构化面试

半结构化面试（Semi Structured Interview）是根据岗位胜任能力素质要求，在预先设计好的试题基础上，适时、随机地提出问题，与候选人进行深度交流。通过挖掘候选人过去的行为判断其能力，并预测其未来工作的一种考评方法。

无领导小组讨论

无领导小组讨论（Leaderless Group Discussion，LGD），又称无领导小组测验，将 4～8 名候选人临时组成小组，不指定谁是小组的领导，要求他们对相关问题进行讨论，并在规定时间内得到一个一致认可的方案。小组讨论的座位安排应体现成员间的平等性；讨论过程中，他们自行安排组织，评委不应干涉；讨论时间一般在 30 ~ 60 分钟。

这种测评方法能够检验候选人的计划能力、组织协调能力、综合分析能力、口头表达能力、自信心、反应灵活性等。

案例分析法

案例分析法（Case Analysis）是指先让候选人阅读一段案例材料，了解案例中描述的某个组织所面临的问题，然后对问题进行分析与解决。这种方法可考察候选人的分析能力、问题解决能力、判断决策能力、规划安排能力、书面表达能力等。

角色扮演法

角色扮演法（Role-Playing），一般设置一系列尖锐的人际矛盾和人际冲突，要求候选人扮演某一角色并进入预设情景来解决问题。这种方法能够考察候选人的语言表达能力、说服能力、人际敏感、人际沟通、应变能力、判断决策能力、压力应对能力、矛盾处理能力、问题解决能力、冲突管理能力等。

360 度评价

360 度评价（360-Degree Feedback）又称多源评估或多评价者评估，是由与候选人有密切工作关系的多方主体，包括候选人的上级、同级、下级、自己、企业内外部客户等，对候选人进行全方位、多角度的评价的综合评估系统。这种测评方法可考察候选人各种能力素质。

在实际应用中，通常会根据考评维度与候选人的特征，选择几种方法对候选人进行综合评价。

如何培养后备人才

后备人才培养计划

培养后备人才，需要先制订计划。通常后备人才培养的主要目的是弥补其任职目标岗位的不足之处。应该明确现有后备人才与岗位要求的能力差距，制订集中化与个性化相结合的培训计划，并在每个季度进行总结，评价计划完成情况，并适时调整，确保达到培养目标。后备人才培养流程如图 13-2 所示。

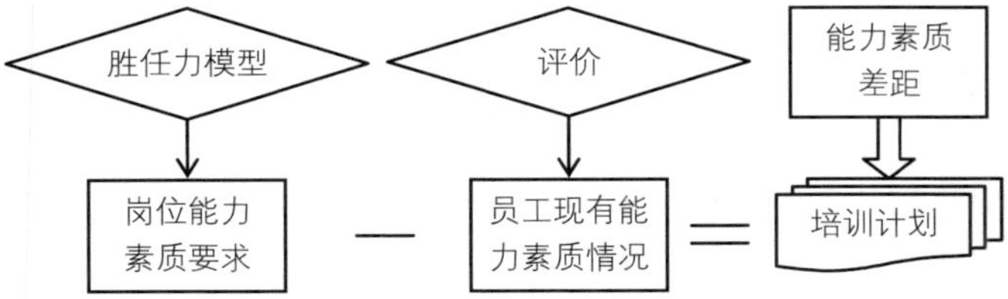

图 13-2　后备人才培养流程

后备人才培养方法

集中培训，是一种比较传统的培养方法。设计科学的课程，通过案例教学、情景模拟教学、体验式教学等，形成后备人才的良性互动。

视频教学法，可指定几门在线网络视频学习课程，或者购买视频学习课程，要求后备人才自行学习，并提交学习心得。

导师辅导，是让有经验的人对后备人才进行辅导。通过师傅带徒弟式的辅导，使后备人才快速成长。导师应不定期汇报后备人才的学习情况，对导师也应进行考核，作为其晋升或加薪的重要依据。

岗位实践，可采取现岗位锻炼、挂职锻炼、轮岗交流等方式。对工作经历较为丰富的后备人才，主要采取现岗位锻炼的方式，明确目标任务，提高要求和管理水平，给予参加挑战性工作的机会。对经历相对单一的后备人才，可进行挂职锻炼或轮岗交流，增加多岗位工作经验。对于缺乏一线工作经验的后备人才，可放到一线进行岗位锻炼，让他们在情况复杂、条件艰苦的环境中，完成急、难、险、重任务。

行动学习法，是一个以完成预定工作为目的，在同伴的支持下持续不断地反思与学习的过程。它主张除了接受式学习，还需要有创见性地提出问题，主动探索不熟悉的领域。在行动中获得新知识和新能力，同时也更关注对以往经验的总结与反思，即“从做中学”、“在反思中学”与“在学习中学会学习”的有机结合。

短期活动，是一种临时的活动，是在岗位职责之外安排一些特殊的工作，如参加管理输出、技术贸易；组织技术人员参加各种论坛、年会、报告、演讲、研修等；参加组织活动，如读书会、专业协会等；参加管理游戏、户外拓展训练等。

后备人才的管理

1．做好后备人才的考核和培养跟踪

做好后备人才的考核和培养跟踪，了解后备人才的成长速度。经过一段时间的学习、培养，判断某些后备人才是否胜任相关工作，或者是否适合当初制定的发展目标。

2．建立后备人才信息库

建立后备人才信息库，包括后备人才简要情况、考核与沟通材料、培养情况和奖惩情况等。

3．进行动态管理

根据需要，实时对后备人才进行调整，使人才始终保持充足的数量、较高的素质和合理的结构。每年根据考核情况，淘汰成长慢、年龄已不符合要求、不适应岗位的人员。

4．巧用激励

人们在工作中追求的目标，可分为名誉地位、领导权力、物质报酬等，了解后备人才所期望的工作目标，对于激励和留住他们很有帮助。对于有能力、有绩效、能干事、干成事且很在乎权力的后备人才，可实行职位激励，让其担任重要岗位工作；对绩效突出且很在乎名誉的后备人才，实行荣誉激励；对于绩效较好且很在乎物质报酬的后备人才，可通过物质激励，如薪酬、股权或期权等，保持其职业稳定性。

后备人才的使用

当企业岗位出现空缺时，应从后备人才中选择任用。提拔与使用后备人才，要引入竞争机制，避免论资排辈、求全责备，企业最好组织公开选拔。

后备人才上任后，为使其更快适应岗位，发挥应有的作用，企业应做到以下几点：

- 放手使用。应坚持用人不疑、疑人不用的原则，给予他们应有的权力，鼓励其发挥长处，创造绩效。
- 注重培养。应注重对他们的培养，针对不同类型的人才，既能够用其长指其过，又能够用不同的培养方式区别对待，创造条件，使其更快进步，满足其成长及自我实现需求。
- 严格考核，施加一定压力。更高的职位意味着更高的要求，应对他们提高要求，施加一定压力，并严格、客观、公正执行，使压力转变为动力，更好地施展才华。

- 关心爱护。在新的岗位上，除在物质上应给予激励外，还应满足其被尊重、被理解的需求，在精神上给予理解与支持，关心其工作、生活上的困难，并提供帮助。

后备人才上岗后，可设定 6～12 个月的晋升考察期。考察期满，便正式使用。

14

如何进行企业文化塑造

企业文化的模型有哪些

企业文化的核心是企业的价值理念。其核心要素是企业共同的价值观念。

同心圆模型

国内的学术界和咨询界一直在试图构建一种概括性、直观性和实用性的企业文化模型，并已形成了两种有代表性的模型，即同心圆模型和陀螺模型。

按照四层次同心圆模型（见图 14-1），企业文化由四个层次构成，即核心理念层、制度层、行为层和物质层，四层的关系形成一个同心圆。核心理念层位于同心圆最里面，是企业文化的核心，其他层次的表现由核心理念层支配和决定；制度层的内容是企业的各种规章制度，是企业推行和落实核心理念的保障措施和具体要求；行为层是企业员工对内对外的行为表现，是制定规章制度的现实出发点；物质层是企业里物质层面的东西，如厂房、机器设备、办公用品、原料和产品等，这些物质承载并反映了企业的价值观、规章制度和员工的行为结果，是企业文化的综合表现。

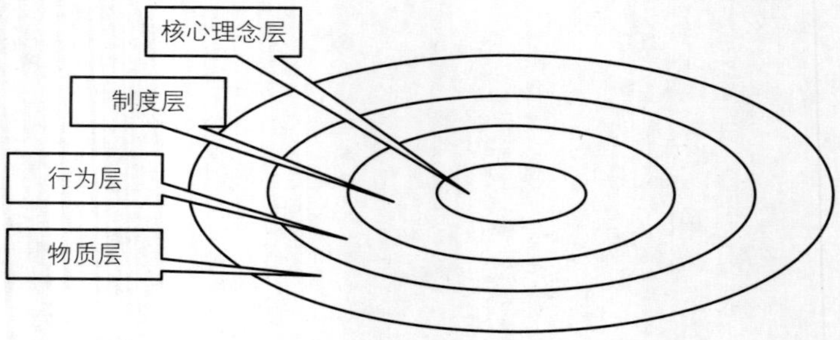

图 14-1　企业文化的同心圆模型

陀螺模型

同心圆模型是一个静态模型，没有表现出企业文化的动态性。清华大学吴维库教授提出了企业文化的陀螺模型，如图 14-2 所示。

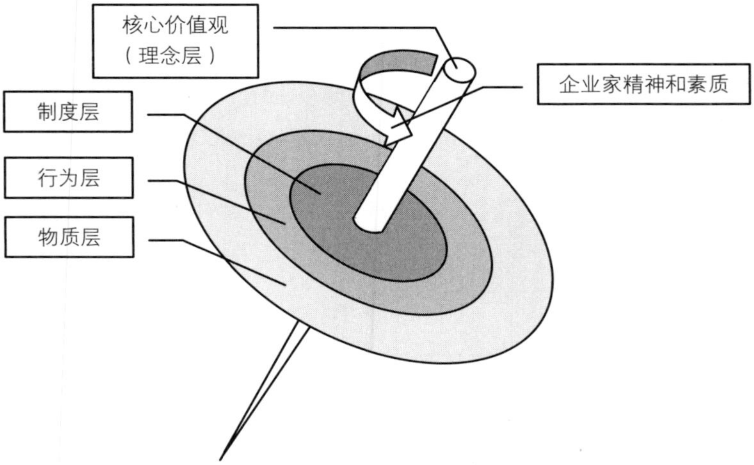

图 14-2　企业文化的陀螺模型

企业是一个动态的系统，随着环境的变化而变化。构成企业文化的核心理念层、制度层、行为层、物质层都要随环境的变化而变化，所以，企业文化也是动态的。用陀螺来描述这一动态文化，陀螺的支轴就是企业的核心价值观，陀螺的惯性盘则是制度层、行为层和物质层。

企业文化陀螺模型具有以下特点：

- 克服了同心圆模型的静态性，引导人们从动态的角度去看待和建设企业文化。
- 突出了核心价值观的地位。企业出问题，是核心价值观出了问题。因为思想决定行动，行动决定习惯，习惯决定性格，性格决定命运。
- 动态地建设企业文化，可以提高企业对环境的适应性。企业的文化建设要随着环境的变化而调整。

- 企业家是企业文化建设的原动力，因此，要特别强调企业家对于企业文化建设的重要性。文化的各组成部分要匹配，否则就是两层皮，说的与做的不一样。
- 强调员工要适应企业文化并在此前提下保证各个细胞充满活力。换句话说，不适应企业文化的员工将被淘汰出局。

陀螺模型虽然是一个动态模型，也有明显的缺陷：一方面，这一模型没能表现出企业文化的动态发展（不断丰富和提升）；另一方面，没有表现出各层内容的互动关系。

丹尼森组织文化模型

瑞士洛桑国际管理学院著名教授丹尼尔·丹尼森，在经过对 1 500 多家样本公司的研究后指出，参与性（Involvement）、一致性（Consistency）、适应性（Adaptability）、使命（Mission）四个特性对组织的经营发展具有重大影响。丹尼森组织文化模型如图 14-3 所示。

维度一：参与性——提升个人能力、增强认同感以及责任感

授权——个体有管理自己工作的权力、主动性以及相应的能力。授权是员工对企业有主人翁意识和责任感的基础。

团队合作——提倡合作以达成组织共同的目标，并使员工认同。

能力发展——组织为提升员工个体能力进行长期的投入，目的在于保持企业的竞争力。

维度二：一致性——在关键事件上企业和员工能够达成一致

核心价值观——企业拥有的终极信念，是解决企业在发展中如何处理内外矛盾的一系列准则。

合作和配合——不同职能部门能够为了组织共同的目标很好地合作，

不会由于部门之间的界限影响工作的完成。

协调与整合——有效地进行组织内资源的整合，经过跨部门协调，达成组织的目标。

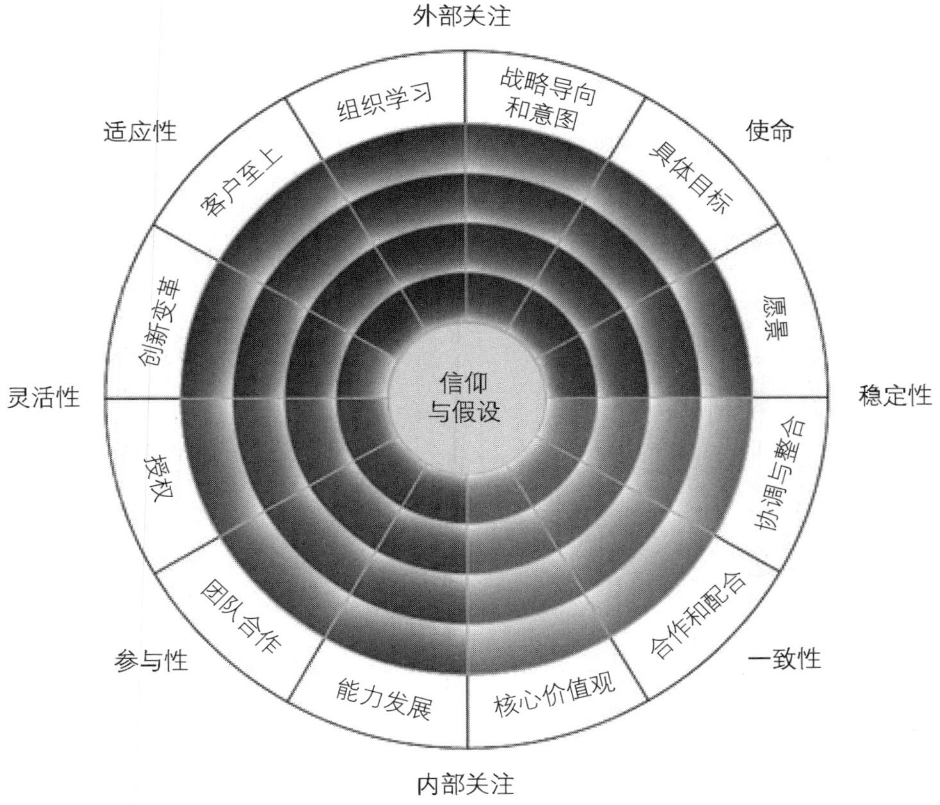

图 14-3 丹尼森组织文化模型

维度三：适应性（应变能力）——将企业外部环境的需求转变为行动的能力

创新变革——能够敏感地了解商业环境，快速地对变化做出反应，可以预见未来的变化。

客户至上——了解客户的需要，做出相应的对策。

组织学习——将从商业环境中得到的信息变为激励创新、获得新知识和发展新的竞争能力的机会。

维度四：使命——企业长远发展的方向

愿景——有一个获得高度认同的未来组织的状态，它涵盖了核心价值观，是企业发展的灵魂，并为企业发展指明了方向。

具体目标——清晰、可操作的具体目标，从企业愿景中发展而来，并指导员工的具体工作。

战略导向和意图——企业在本行业确立什么样的地位，明确表述企业的发展目标，并且使每个员工都明了努力的方向。

丹尼森组织文化模型是从具体的商业运营环境中发展而来的，直接与企业经营绩效相联系，易于应用。

企业文化与经营绩效的关系毋庸置疑。当代中国企业越来越认识到企业文化对企业经营绩效的重要性，海尔集团、联想集团等著名企业都投入很大精力建设其独特的企业文化。

企业文化如何落地

重塑企业文化的关键点

重塑企业文化是对优秀文化的继承，同时为适应未来持续发展所带来的机遇和挑战，对原有文化的创新，是融合了新旧文化的混血新生儿。但在这个过程中，文化的继承、发掘、创新与融合，每个环节都不能忽视。

任何一家企业在面对重塑企业文化这个课题时，都要思考如何适应未来竞争的要求，确立以市场为导向的企业文化。要发现现有文化中与企业战略相悖的成分，加以剔除；要挖掘、发扬光大现有企业文化资源优势，建设具有企业特色的新文化，即提炼现有优秀文化元素+剔除与企业战略相悖的文化元素+挖掘适应市场竞争的先进文化元素，这三个元素是企业文化重塑过程的方向指引。

1．提炼现有优秀文化元素

本着对企业文化本来面貌的尊重，系统总结、挖掘、提炼与发扬光大现有企业文化资源优势，不图一劳永逸、完美无缺，但求真实客观、平实有用，建设具有企业特色与特征的新文化。

2．剔除与企业战略相悖的文化元素

企业文化的提升具有某种文化元素和形态上的转变，企业文化建设是对原有企业文化进行“摒弃与创新”的过程。首先我们要审视现有企业文化，弄清楚哪些不符合企业未来发展的需要，哪些与企业未来发展是一致的，弘扬优秀的，剔除不良的。

3．挖掘适应市场竞争的先进文化元素

本着适应未来竞争的要求，满足企业实现关键时刻或转型需要，为企业引入新的文化特征或新的文化元素，建设适合市场竞争、战略转变的新文化。

建设企业文化理念体系

1．重塑企业文化理念体系

重塑，并非从零开始，而是在继承企业优秀文化基因的基础上，对企业战略进行更深入的理解。通过对自身优势与不足的认知，以及外部标杆的借鉴，让企业明确自身差距，从而更加客观地面对现实问题，引导企业各项经营活动。

使命与愿景：企业的目的是什么，未来如何发展？如何顺应行业的发展趋势，使之富有前途？激发全体员工的使命感与创新热情的愿景是什么？

核心价值观：企业要实现自身使命、愿景所必须遵循的最基本的价值标准和价值信仰是什么？价值立场与价值主张是什么？提倡什么？基本商业伦理是什么？

系统做事原则：将企业使命、愿景及核心价值观具体化为决策、市场营销、利润等关键领域的做事原则，并有效协调，使之成为系统，确保企业各部门、各环节在分散状态下的经营管理活动具有内在的统一性。

重大关系原则：建立相应的重大关系原则，以指导企业处理与客户、员工、竞争对手、合作伙伴、国家、社会和自然环境等因素的关系，从而为企业营造良好的社会生态，确保企业在长期经营过程中能够抗拒外部环境的不确定性，抵御未来不测事件的意外打击。

企业精神：它是企业群体的共同心理定式和价值取向，是企业哲学、价值观念、道德观念的综合体现和高度概括，反映了全体员工的共同认识和追求，是企业核心价值观的最为直接的表达形式。

2. 建构企业文化品性

企业文化品性是企业家独特文化底蕴的体现，也是员工主观精神状态与企业行为特征的表现，能够激发员工的主观能动性和组织的精神氛围。例如，华为的“狼”文化；中兴的“牛”文化；新奥的“象”文化；白沙的“鹤”文化；三和的“马”文化……

3. 确立企业的思维方式

企业的思维方式包括战略、经验、领导、管理风格等方面。

从实现内容来看，企业思维能够帮助企业形成常规逻辑、一般实现途径、共享经验以及战略思想，如微软求变的思维、TCL 的“速度抗击规模”、沃尔玛的“低价销售，保证满意”经营宗旨等。

从领导与管理风格来看，英特尔管理风格是“公司内部人人平等”，白沙集团的简单主义是企业思维方式正面代表之一。另外，有些企业的家长专制式文化、官僚主义文化则是反面教材。

4．明确企业伦理

企业伦理一般包括员工职业道德、企业法人道德。

员工职业道德是在尊重个人的基础上，员工理解所谓的企业伦理内涵后加以认同的理念，并在执行中对此理念的深入理解。比如，爱岗敬业、诚待客户、团队合作等都是员工的职业道德。

企业法人道德可以从几个关系来理解：第一，企业与国家的关系，这是社会道德的体现，如企业倡导的平等的利益主体、纳税享受服务、个人服从企业、企业服从国家等。第二，企业与企业的关系，是市场道德的体现，如公平竞争、信守规则等。第三，企业与自然的关系，是企业生态道德的体现，如对社区、对自然、对员工的态度与承诺。第四，企业与员工的关系是人际道德的体现，如关注员工心理、健康和职业发展等。

5．树立企业形象

企业知名度好比树的枝干，是企业形象的中介，从企业形象树立来讲是第一个层次，更多地体现在企业对广告宣传的力度是否足够，如果力度强，知名度则高。

企业形象树立的第二个层次是客户对企业的认可度，这要靠企业的实力、产品、口碑和信誉来支撑，这些综合在一起形成企业的美誉度。

第三个层次是企业的文明度，这是形象树立的基础，主要靠企业实力、企业文化、管理和组织支撑，是企业形象的核心内容。

另外，企业形象的树立还可以通过外在标识、统一的视觉特征系统（Logo、司徽等）以及核心的企业理念（经营、管理准则等）来展现。

企业制度体系构建

企业文化建设必须与企业管理相互融合，文化落地也需要制度体系的保障。但是，不论规章制度多么完善，不可能包罗企业的一切活动，也不可能从根本上规范每个员工的行为与意识。而企业文化则是一种无形的约束力量，成为一种规范和理念，可以弥补规章制度的不足。

企业文化这种软实力可以增强企业的内聚力，加强员工的自我管理，激励员工的工作激情，提高生产效率；有利于改善人际关系，产生极大的协同力；有利于树立企业形象，提高企业声誉，扩大企业影响力。

针对有些企业的不良文化基因予以分析，可以从制度建设上提出如下解决方法。

职责不明、分工不清——这是部门/岗位职责边界不明确的问题表象。企业文化如何渗透到工作流程中？要先从岗位管理的基础工作着手，厘清企业目标与任务，逐层分解岗位任务，并将岗位任务进行细分，以明确各岗位职责。这样就可以根治这种不良的文化因子，把这种亚文化从制度层面上解决掉。

跨部门协作不畅，相互推脱——这是工作流程的问题。有的企业工作流程可能不健全，有的企业可能业务发展过快，过去的流程不能再用了，但又没有及时更新。所以企业的重点工作应该是找出关键部门，梳理业务流程，不断优化，并列清流程中的每个环节所要衔接的上游工作和下游工作。

多做少做一个样——这是典型的亚文化因子，有些“大锅饭”色彩。针对这种情况，企业应该建立/优化绩效考核机制，让做多做少变得不一样。

做好做坏一个样——培养奖罚制度，让做好做坏变得“有说法”，而不损害员工的积极性。

对人不对事——将这种态度转化成对事不对人，让职业化的风气在企业中成为主流，需要各级领导以身作则，可以通过例会或者具体事件加以强化。

老总说了算——通常企业在发展初期容易出现这种情况，或者管理层不力的情况下老板不能放心授权。针对这种现象，就要提倡制度大于人，放弃“人治”特色，逐步实现制度管人。

企业文化导向应与企业战略规划、经营目标相匹配。通过目标激励，塑造严明和谐的管理形象，打造制度文化。企业管理和企业文化之间的联系是企业发展的生命线，战略、结构、制度是硬性管理；技能、人员、作风、目标是软性管理。强化管理，要坚持把人放在企业中心地位，在管理中尊重人、理解人、关心人、爱护人，确立员工主人翁地位，使之积极参与企业管理，尽其责任和义务。强化管理要搞好与现代企业制度、管理创新、市场开拓、实现优质服务等的有机结合，还要修订并完善职业道德准则，强化纪律约束机制，使企业各项规章制度成为干部员工的自觉行为。提倡团队精神，成员之间保持良好的人际关系，增强团队凝聚力，有效发挥团队作用。

企业行为体系构建

企业文化建设无论是过程还是结果，都必须得到企业全员的认同，只有这样，企业文化倡导的行为才能与员工行为趋于一致。企业行为文化是指企业员工在企业经营、学习娱乐中产生的活动文化，包括企业经营、教育宣传、人际关系活动、文娱体育活动中产生的文化现象。它是企业经营作风、精神面貌、人际关系的动态体现，也是企业精神、企业价值观的折射。从人员结构上划分，企业行为又包括企业员工群体行为、企业模范人物行为和企业家行为等。

1．企业员工群体行为

企业员工是企业的主体，他们的群体行为决定了企业整体精神风貌和企业文化所能达到的程度。有人把企业员工的群体行为塑造简单理解为组织员工进行企业规章制度学习、科学技术培训，开展文化、体育、读书以及各种文体活动。诚然，这些活动都是必要的，但不能仅仅限于此，至少还得包括以下三个方面的内容：

- 激励全体员工的智力、向心力和勇往直前的精神，倡导勤于学习和开拓进取的风气。
- 把员工个人的工作同自己的人生目标联系起来。这是员工工作主动性、创造性的源泉，使员工超越个人的局限，发挥集体的协同作用，进而产生 1+1＞2 的效果。当个人目标和企业目标之间存在着协同关系时，把这种“组合”转变成员工的个体行为，有利于员工形成事业心和责任感。
- 让员工都意识到，企业文化是最宝贵的资产，是个人和企业成长必不可少的精神财富，以积极的人生态度去从事工作，以勤劳、敬业、守时、惜时的行为规范指导自己的行为。

2．企业模范人物行为

企业模范人物是企业的中坚力量，他们使企业的价值观人格化，是员工学习的榜样，他们的行为常常被企业员工作为仿效的行为规范。模范人物在体现企业价值观和企业精神的某些方面，取得了比一般员工更多的成绩，具有先进性。他们的所作所为离普通员工并不遥远，可以成为员工仿效的对象。这些模范的行为总是在某一方面特别突出，而不是在所有方面都无可挑剔，所以对他们不能求全责备。一个企业中的模范人物的集合体，构成企业的模范群体，卓越的模范群体应该是完整的企业精神化身，是企业价值观的综合体现。企业模范群体的行为，是企业模范个体典型行为的提升。

从企业模范行为的类型上划分，可分为领袖型、开拓型、民主型、实干型、智慧型、坚毅型、廉洁型。

- 领袖型企业模范具有极高的精神境界和理想追求，有整套符合社会发展规律的价值观念体系。
- 开拓型企业模范永不满足现状，勇于创新、锐意进取，不断开创新领域，敢于突破。
- 民主型企业模范善于处理人际关系，善于发挥大家的聪明才智、集思广益，能把许多小股力量凝聚成无坚不摧的巨大力量。
- 实干型企业模范总是埋头苦干、默默无闻，数十年如一日贡献出自己的全部力量。
- 智慧型企业模范知识渊博、思路开阔、崇尚巧干，常有锦囊妙计，好点子层出不穷。
- 坚毅型企业模范越是遇到困难干劲越足，越是危险越能挺身而出，关键时刻挑大梁，百折不挠。
- 廉洁型企业模范一身正气，两袖清风，办事公正，深得民心。

上述七类人的行为并不是彼此独立的，只不过是在某方面有突出的表现，因此把它归为某一类型。在日常工作中，企业模范的优点大多是相互交融的。

3. 企业家行为

企业的经营决策方式和决策行为主要来自企业家，企业家是企业经营的主角。企业家是具有卓越才能的人，他们强调长期行为，不断把利润进行再投资，以发展企业。他们善于创新，干实事而不尚空谈；有领导能力，有丰富的想象力、判断能力和坚忍的意志；有监督和管理才能；有丰富的业务知识，善于把握时机做出具有战略意义的重大决策和创新。他们目光远大，不斤斤计较眼前利润的多少，而是注重于对整个企业发展的全局性设想。

成功的企业家在经营决策时总会当机立断的选择自己企业的经营战略目标，并一如既往地贯彻这个目标直到成功。实现这一目标并非易事，它要求企业家在制定决策时必须体现宏观性、预见性、创新性、联想性和韧性的统一。

从整个社会的经济运行来说，企业是社会经济的细胞，是一个局部；从企业本身来看，它又是一个有机的整体，有着自己的结构与层次。作为企业家，是整个企业的统帅，既要决策，又要指挥。因此，企业家必须统观全局。但若不分巨细，事必躬亲，必会消耗企业家过多的精力而影响他对全局的决策。企业家首先要学会宏观性的思维方式，那些具体的环节和事务，可委托他人或具体职能部门去做。只有有所不为，才能有所为。一个企业总体上的谋划、决策，就要靠统帅——企业家来担任。企业家的决策行为与企业命运是休戚相关的。军事上把瞄准一个正在前进的目标定位在目标之前的那一段距离叫“提前量”，只有精确地计算提前量，射击目标才会准确。进行企业的决策，也应考虑提前量的问题。美国一名著名的企业家在介绍他的成功之道时说：“我把 75%的精力放在考虑未来的事业上，只留下 25%的精力处理昨天和今天的事情。”高明的企业家总是在处于高峰时准备应付低潮，企业的开拓方向、经营战略要随形势而变化，在变化中求生存、求发展。因此，企业家应当与新闻界、科技界、信息情报界、文化界的人士多交朋友，在社交中获取信息。

在企业决策行为中，创新是十分重要的。企业家独立自主的经营企业，不仅拥有独立的生产决策权——企业生产什么，怎样生产，为谁生产的基本决策权，而且要对生产要素进行新的组合，要开发新产品，采用新工艺，开辟新市场，获得新原料，建立新组织，所有这些都需要有创新的勇气。

企业物质体系构建

企业的物质文化又称表层的企业文化，显著特点是以物质为载体所表现的企业精神，包含企业产品、广告标识、工资奖金、劳保福利、生产与安全设备、文体设施、厂容厂貌等所传递的文化信息。但物质文化并非物质本身，而是物化于物质中的企业精神，以及凝固了企业精神的企业制度、企业行为在物质层的成果反映。

1．明确物质产品价值

文化内涵决定物质产品价值：物质产品与物质环境的价值高低，与物化于其中的企业精神文化、制度文化、行为文化的含量有关。产品中的文化附加值是指产品具有的创意价值、审美价值、心理价值、观赏价值、认知价值、环保价值、品牌价值等。这种文化附加价值是以满足人的心理需求而体现出来的价值。一般而言，越是创造性的劳动，越是注入信誉的劳动，越是有审美情趣的劳动，物质产品与物质环境中的文化附加价值就越高。松下电器秉承“生活既要有精神上的寄托，也需要物质上的丰富”，这样幸福才能得到维持和提高，两者缺一不可。

2．企业形象的视觉识别

确立视觉识别（Visual Identity，VI），即将非可视内容转化为静态的视觉识别符号，以丰富多样的应用形式，进行最直接的传播。设计科学、实施有利的视觉识别，是传播企业经营理念、建立企业知名度、塑造企业形象的快速便捷之途。VI 的设计不是机械的符号操作，而是以企业理念识别系统为内涵的生动表述。所以，VI 设计应多角度、全方位地反映企业的经营理念。

企业 VI 设计基本要素系统是企业形象的核心部分，主要包括企业名称、企业标志、企业标准字、标准色彩、象征图案、组合应用和企业标语口号等。

VI 设计要求具有较强的可实施性。如果在实施性上过于麻烦，或者因成本昂贵而影响实施，再优秀的 VI 也会由于难以落实而成为空中楼阁。因此企业在设计时需要与专业公司合作，共同设计 VI。

营造良好的办公环境，塑造优美整洁的环境形象，打造行为文化。人改造环境，环境也改造人，因此，要认真分析企业文化发育的环境因素，使有形的和无形的各种因素成为企业文化建设的动力源泉。

落地具体措施

企业文化落地是文化体系构建的最终目的，将企业确立的经营理念融入企业的实践中，增强员工对企业文化系统的认识与认同，从“要求我这样做”转化为“我应该这样做”。

1. 文化宣贯

第一，早会。所谓早会，就是在每天上班前宣讲企业的价值观念。早会应注意以下几条：事先应准备好宣讲材料，宣讲的内容应成体系；一个宣讲主题应多次重复、反复宣讲，但宣讲方式应该变化多端，比如用一周早会的时间建立成本观念，几个月后，还可以用一周时间重复同样的主题，几个月后再次重复，重复是企业文化建设最重要的原则；主要侧重思想建设，而不能总是布置任务；时间宜控制在一刻钟左右；主持者应多样化，有管理人员，也有员工；企业全体人员都应该参加；最好是每天早会，如业务太忙也可以每周抽若干天早会。早会是建设企业文化的重要方法，松下幸之助说过：没有社训的企业是没有灵魂的企业。

第二，工作小结。所谓工作小结，就是定期让员工进行工作总结，自我评判是否做到了企业要求，又如何改进。工作小结是一个很有效的方法，是一个自我反省的过程，可以促使员工认真思考自己的优缺点，从而达到优化行为的效果。工作小结上交后，管理者应给予评论并反馈给员工，指出对其反省的看法。缺少了这个反馈，效果就大大下降。工作小结的频率可高可低，一般是一月一次，也可一周一次，结合早会学习内容写小结。

第三，张贴宣传企业文化的标语。将企业文化的核心观念写成标语，张贴于企业显要位置。需要注意的问题是：应贴于人流较多的地方，比如会议室、企业内交通要道、宣传栏等地方；标语制作应美观大方，易于使人接受；应在不同的地方出现同一内容的标语，但其颜色最好不一样，字体也可以不一样，重复可以提高理念的接受程度；标语内容不能太多，应突出重点；标语应定期更新。

第四，权威宣讲。引入外部的权威进行宣讲是建设企业文化的好方法。因为外部权威的言论似乎更加客观，比如邀请学术权威、知名企业家等。选择的权威个人形象一定要好，否则效果反而不好。

2. 建立行为标杆

第一，管理人员率先垂范。在企业文化形成的过程当中，管理者的榜样作用有很大的影响。在管理中存在着一种现象：领导行为影响的放大效果。比如，普通员工一个月迟到五次，会被别人评价为每月都要迟到好几次，而总经理每月迟到五次，就会被广大员工评价为经常迟到。因此，管理者的榜样作用对企业文化影响巨大，管理层处处都要以身作则。

第二，树立先进典型。通过树立先进典型，给员工明确了形象化的行为标准和观念，让员工明白“何为工作积极”“何为工作主动”“何为敬业精神”“何为成本观念”“何为效率高”。上述这些行为都是很难量化的，只有具体形象才可使员工充分理解。树立典型也会有某种暗示：别人可以做到的事，你也应该能够做的，这就为企业对员工的要求提供了某种合理性的证明。树典型应注意：首先，典型是真实的，而不应是人为制造出来的假典型，虚假的典型反而会充分暗示管理者是“糊涂虫”。其次，典型要有稳定性，不能今天是典型，明天就倒下了。最后，对典型要不断地培养，也要注意爱护典型，勿使其心理压力过大。

第三，故事宣传。企业故事也会起到企业文化建设的作用。有一家企业建立了以客户为导向的企业文化，内部流传着这样一个故事：一天，销售部门来了一位客户，大肆抱怨卖给他的轮胎不好，销售人员正在与客户沟通，恰好总经理路过，了解事情后，立刻吩咐销售人员，把轮胎收下，把钱全部退给客户。销售人员疑惑不解地办完此事，等客户走后，对总经理说：“我们根本就没把不好的轮胎卖给他呀！”总经理说：“我知道，但关键是要让客户满意才行。”这则故事在企业广为流传，有力地推动了“以客户为导向的企业文化建设”。

3. 文化互动

第一，外出参观学习。这也是建设企业文化的好方法，同时也是向广大员工表明：企业对员工所提出的要求是有道理的，因为别的企业已经做到了，我们应该改进工作向别人学习。外出学习时一定要选一个好的讲解员。

第二，创业史陈列室。设立创业史陈列室，把企业文化的内容融入其中，让新来的员工参观学习，也是一种建设企业文化的方法。陈列室内容直观形象，效果较好。

第三，文体活动。文体活动指唱歌、跳舞、体育比赛、国庆晚会、元旦晚会等，在这些活动中可以把企业文化的内容穿插进去。

第四，开展互评工作。即员工当众评价同事工作状态，也当众评价自己做得如何，并由同事评价自己做得如何，通过互评工作，摆明矛盾，消除分歧，改正缺点，发扬优点，明辨是非，以达到工作状态的优化。开展互评工作一般应先动员，号召大家打破情面，安排优秀员工做出表率、带动气氛。在某些情况下，还可以使用一些辅助手段，比如互评之前宣布要对老好人记录或给予处罚，个别企业甚至在互评之后选举一个老好人，这样大家互评的认真程度就大大提高了。

第五，引进新人，引进新文化。引进新的员工，必然会带来新的文化，新文化与旧文化融合就形成另一种新文化。例如，一家国有企业转制员工持股的股份合作制企业，机制转了，企业文化却没有变，仍旧是“效率低下”“互相扯皮”“等靠要”“没有市场开拓意识”等，该企业就引进大量有三资及民营工作经历的员工进来，在初始阶段，企业内部文化冲突厉害，矛盾重重，该企业管理者采用多种方法改造企业文化，过了一段时间，企业终于形成了一套适应市场经济的企业文化。

反侵权盗版声明

举报电话：（010）88254396；（010）88258888

传　　真：（010）88254397

E-mail:　　dbqq@phei.com.cn

通信地址：北京市万寿路 173 信箱

　　　　　电子工业出版社总编办公室

邮　　编：100036